未来をひらく
入門中国語

相原茂　監修

劉頌浩　町田茂　共著

朝日出版社

音声ダウンロード

 音声再生アプリ「リスニング・トレーナー」(無料)

朝日出版社開発のアプリ、「リスニング・トレーナー(リストレ)」を使えば、教科書の
音声をスマホ、タブレットに簡単にダウンロードできます。どうぞご活用ください。

まずは「リストレ」アプリをダウンロード

▶ App Store はこちら ▶ Google Play はこちら

アプリ【リスニング・トレーナー】の使い方

❶ アプリを開き、「**コンテンツを追加**」をタップ

❷ QR コードをカメラで読み込む

❸ QR コードが読み取れない場合は、画面上部に 45357 を入力し「Done」をタップします

QR コードは㈱デンソーウェーブの登録商標です

Web ストリーミング音声

http://text.asahipress.com/free/ch/245357

『未来をひらく入門中国語』をご覧いただき有難うございます。本教材の特長は以下の通りです。

1. 教材の内容は「日本語母語話者」ばかりでなく、「中国語話者」を対象としています。それは、現代社会では、外国語を学ぶ目的は母語話者との交流に限定されなくなっており、未来はさらにそうなるだろうと考えられるからです。こうした要請に応えるため、『未来をひらく入門中国語』の内容には日本の生活や文化も中国の生活や文化も取り入れ、その他世界の中国語話者の共通の話題も一部に取り入れています。

2. 教材の難易度が適切で、学習目標が明確です。『未来をひらく入門中国語』全14課において、学習語彙は合計205個、補充語彙42個、各課約17.6個、語法ポイントは合計37個、各課2〜3個となっています。ポイントの選択は、新HSK2級文法に基づいています。『未来をひらく入門中国語』は各課において「キーセンテンス」という合格目標を設定しました。この5個の語句は、その意味を理解し、読み書きすることができ、自分で言うことができればその課の合格基準に達したことになります。このような合格基準を設けることで、目標を明確にすることができます。ゼロから始める学習者にとって、これは非常に大切なことだと考えます。

3. 様々な方法により、教材の面白さを高めています。文化的内容から本文や練習まで、できるだけ教材が面白くなるように工夫されています。例えば、本文の筋立てには関連性があり、人物にはそれぞれの性格や話し方の特徴があるため、教材のストーリー性が高く、興味を引く内容になっています。さらに、クイズ形式の練習は、推測して答えることで、楽しみながら本文の内容をより深く学習できるように作られています。このような構成が学習者に馴染みやすいことは、これまでの実践を通して明らかになっています。

4. 日本の学生が漢字に対して持つ豊富な知識を十分に生かせるように工夫されています。他の国の中国語学習者と比べて、漢字の知識が豊富であることが日本の学習者の大きな利点です。『未来をひらく入門中国語』は単語の意味を推測する練習を設け、この利点をうまく生かして無理をせず学習者の語彙量を増やせるように設計されています。

5. 発音練習は非常に重要で、相原茂先生は「中国語発音良ければ半ばよし」とさえ述べられています。そのため、本書の発音練習は第7課まで続いています。さらに、発音編の練習においては、極力本文編中で使用する単語を採用し、本文編においては、次の課の単語を選び、学生が理解しやすいコンテキストで練習できるよう工夫しています。これにより、発音練習と新出単語の学習を同時に進めることができ、一挙両得です。

北京大学での勤務期間、教材編集は私の主要な研究テーマの一つでした。これまでに北京大学出版社と北京語言大学出版社から多数の教材を出版しています。この度友人である町田茂先生と共に日本の中国語学習者向けの教材を編集することができ、大きな喜びを感じています。日本の中国語教育第一人者相原茂教授の手厚いご指導、朝日出版社許英花さんの専門的立場からのご提案、同僚の先生方のお励ましに感謝申し上げます。特に本教材の初稿を試用してくださった先生方からは多くの貴重で有益なご意見をいただきました。また画家の張佳声さんには挿絵を、写真家迎客松先生には写真を提供していただきました。ここに記して感謝申し上げます。

劉頌浩

目次

・ 中国語とはどんな言葉？ ・

　本書では「漢語普通話」を学びます。これは中国で全国共通語として用いられている言語で、日本語ではこれを「中国語」と呼んでいます。

　現代中国語で使われている漢字は日本語のそれに相当する漢字と比較して字形が完全に同一である場合も、大きく異なったり、僅かに異なる場合もあります。

> 中国語の方言は多く、普通は 10 の大きな方言に分けられます。例えば北京で話されているのは「北方官話」で、広東で話されているのは「広東語」です。北京の人と広東の人が一緒に話したら、お互いに言葉が通じません。

日本語と中国語の漢字字形の比較

	同じ	大きく異なる	僅かに異なる
日本語	京都大学	飛、難、漢	圧、歩、収
中国語	京都大学	飞、难、汉	压、步、收

　意味においては、同一の漢字が中国語と日本語で同じ意味を表す場合が多く、これは中国語の学習にとって有利だと言えます。

　　銀行 —— 银行、名詞 —— 名词、理解 —— 理解

中国の銀行の名前

　その一方で、字形が同じであるにもかかわらず意味がまったく異なることもあります。次の日本語の漢字を見て、中国語でどんな意味なのか考えてください。

　　手紙、勉強、大丈夫 (解答は P.11)

左、靴の中敷きに刺繍された漢字は「万巻の書を読み、万里の道を行く」という意味である。

右、著名な作家茅盾が書いた『曲院風荷』で、杭州の西湖十景の一つである。この「曲院」には100種類以上のハスが植えられており、花が咲くと、風に乗って花の香りが漂うことから、「風荷」と言われたそうである。

中国語の発音には以下のように難しくないものがたくさんあります。

安倍　奥巴马
Ānbèi　Àobāmǎ

爸爸　妈妈
bàba　māma

　漢字の下のアルファベット（Ānbèiなど）は漢字の発音を表しています。上の「ーヽ」などの記号は漢字の発音の声調を表しています。このような表記法を中国語では"拼音"pīnyīn（ピンイン）と呼んでいます。

【门人】ménrén 名❶学生②。❷门客。
【门扇】ménshàn 名门②：～上贴着春联。
【门神】ménshén 名旧俗门上贴的神像，用来驱逐鬼怪。
【门生】ménshēng 名❶学生②：得意～。❷科举考试及第的人对主考官的自称。

中国語の辞書ではピンインで発音を表記している。

　ただ、以下のように難しいものもあります。

　日本人 Rìběnrén　　学生 xuésheng

　発音練習では、大きな声で思い切って真似ることが最も大切です。毎週5日、毎日5分間、大きな声で5つの「キーセンテンス」を繰り返して読めば、あなたの中国語の発音は（そして単語も文法も）短期間のうちにみるみる上達します。

文法において、中国語と日本語には同じ所も違う所もあります。同じ所は二つあります。第一に、中国語は日本語と同様に修飾語が修飾される語の前に置かれます。

大地方 dà dìfang　　広い場所

我的书 wǒ de shū　　私の本

第二に、中国語も日本語も主語、述語という語順になります。

佐藤吃了。　　Zuǒténg chī le.　　　　佐藤さんは食べました。

佐藤很认真。　Zuǒténg hěn rènzhēn.　佐藤さんはまじめです。

文法において中国語が日本語と異なる点としては、第一に、中国語には語形変化がありません。日本語で語形変化によって表される意味は、中国語では普通特定の語によって表されます。

吃　　chī　　　食べる

吃了　chī le　　食べた

不吃　bù chī　　食べない

没吃　méi chī　　食べなかった

「飲む」は中国語では"喝"です。では、「飲まなかった」を表す中国語はどれでしょうか?

　A 没喝　　B 不喝　　C 喝了

上は動詞の例ですが、形容詞も同様です。

今天很冷。　Jīntiān hěn lěng.　　今日は寒いです。

昨天很冷。　Zuótiān hěn lěng.　　昨日は寒かったです。

そのため、中国語を学ぶときは、それぞれの単語を覚え、それらをまとめていけばよいのです。語形変化を考える必要はありません。これは中国語の学びやすい点です。

第二に、中国語では語順がとても重要です。多くの場合、語順が異なると意味も違ってしまいます。中国語を学ぶとき、特に語順に注意する必要があります。

第三に、"看书"kàn shū と「本を読む」を比べると、中国語と日本語の正反対の特徴が分かります。つまり、中国語では動詞は目的語の前に置かれます。

中国語の特徴を説明するとき、必要な文はどちらでしょうか?

　A 行動力が重要だ。動詞は先に行け。

　B 対象物が大事だ。目的語は前に来い。

中国語を学ぶことは他のどんなことを学ぶ場合と同じで、易しいことも難しいこともあります。真剣に取り組めば、そこに楽しみを見出し、多くのものを得ることができるはずです。

解答

三つの単語の中国語の意味
1. 手紙（手纸）：トイレットペーパー
2. 勉強（勉强）：無理強いする
3. 大丈夫（大丈夫）：一人前の男

左、杭州西湖の風景　　右、西湖の雷峰塔（らいほうとう）の中にある木彫。右の白娘子（はくじょうし）は、中国の四大民話伝説『白蛇伝』（はくじゃでん）に登場するヒロインである。

田中 麻衣
たなか　まい

マンガや歴史、グルメが好きです。彼女はよく
面白い質問をします。

小林 美月
こばやし　みつき

自然が好きで、読書や外国語が好きです。性格
は優しくて、子供とのコミュニケーションが得
意です。

佐藤 悠真
さとう　ゆうま

スポーツが好きで、友情を大事にします。また、
果物が大好きです。

発音編

你好，大自然！

Nǐ hǎo, dàzìrán!

こんにちは、大自然！

発音1　一字一音

　中国語の漢字は原則として一字につき1種類の発音を持つ。つまり、同じ漢字は、どこにあっても発音はまったく同じである。例えば、"马"という漢字は、"马车"(馬車)"马上"(すぐ)では mǎ、"骑马"(馬に乗る)"一匹马"(1匹の馬)でも mǎ、姓としても Mǎ と読み、まったく同じ発音である。つまり、"日本"と"大学生"の発音がそれぞれ Rìběn と dàxuéshēng だと知っていれば、"生日 shēngrì"(誕生日)の発音も分かることになる。これは中国語の発音の学びやすい点である。

日本語の漢字の発音と中国語の漢字の発音（「山」を例にとる）

◀))) 001

日本語の漢字	発音	ピンイン	中国語の漢字
山の手線	やまのてせん	Shānshǒuxiàn	山手线
山水	さんすい	shānshuǐ	山水
登山	とざん	dēngshān	登山
山車	だし	shānchē	山车
山葵	ワサビ	shānkuí	山葵
山羊座	やぎざ	Shānyángzuò	山羊座

（中国語は、原則として、一つの漢字に対して発音は1種類である。一方，日本語の漢字には、音読みと訓読みのほかに、特別な読み方もある。）

富士山
Fùshìshān

　一部の漢字には二つの発音があり、この場合、発音が違えば意味も異なる。例えば"好"という漢字は、hǎo と読むと「良い」という形容詞になり、hào と読むと「好き」という動詞になる。

発音2　声調

発音

　中国語の音節は、声母、韻母、声調の三つの部分により構成されている。声母は音節最前部の子音で、韻母は母音を含む他の部分である。声調は音節全体にかぶさっている。共通語には全部で4種類の声調があり、これを「四声」と呼ぶ。この他、本来の声調を使わず、軽く短く発音する「軽声」もある。軽声で発音される音節には声調記号をつけない。

🔊 002

妈	mā	高く平ら
麻	má	急激に上昇
马	mǎ	低く抑える
骂	mà	急激に下降
吗	ma	短く軽く

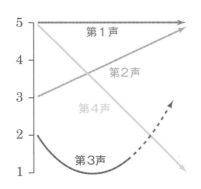

発音してみましょう。 🔊 003

1. ān　án　ǎn　àn
2. āo　áo　ǎo　ào
3. bā　bá　bǎ　bà

単語を読んでみましょう。 🔊 004

1. 妈妈 māma　お母さん
2. 爸爸 bàba　お父さん
3. 猫 māo　猫
4. 慢 màn　遅い

挨拶してみましょう。 🔊 005

1. 你好！
   Nǐ hǎo!
   こんにちは。

2. 早上好！
   Zǎoshang hǎo!
   おはようございます。

巧虎(しまじろう)，你好！
Qiǎohǔ, nǐ hǎo!

発音 3　単母音

🔊 006

a			口を大きく開けて「ア」。
o			唇をまるくして「オ」。
e			唇を横にひいて、のどの奥から出す。「エ」の形で「オ」を言う。
i			唇を横にひいて「イ」。
u			唇を前に突きだして「ウ」。
ü			唇をすぼめて、「ユ」の形で「イ」を言う。
er			「ア」を発音しながら、舌の先を上にそらす。

＊ i、u、ü は前に子音がつかないときは、yi、wu、yu と書く。

🔊 007 **発音してみましょう。**

1.	ā	á	ǎ	à		5.	wū	wú	wǔ	wù
2.	ō	ó	ǒ	ò		6.	yū	yú	yǔ	yù
3.	ē	é	ě	è		7.	ēr	ér	ěr	èr
4.	yī	yí	yǐ	yì						

🔊 008 **単語を読んでみましょう。**

1. 啊　á　驚いたときの「ええっ ↗」
2. 喔　ō　思いついたときの「ああ」
3. 饿　è　お腹がすいている
4. 衣　yī　衣服
5. 五　wǔ　5
6. 雨　yǔ　雨
7. 二　èr　2

🔊 009 **挨拶してみましょう。**

1. 谢谢你！　Xièxie nǐ!　ありがとうございます。
2. 不客气。　Bú kèqi.　どういたしまして。
3. 再见！　Zàijiàn!　さようなら。
4. 明天见！　Míngtiān jiàn!　また明日。

大熊猫（パンダ），再见！
Dàxióngmāo, zàijiàn!

発音4 子音

🔊 010

	無気音	有気音		
唇音　（しんおん）	bo	po	mo	fo
舌尖音（ぜっせんおん）	de	te	ne	le
舌根音（ぜっこんおん）	ge	ke	he	
舌面音（ぜつめんおん）	ji	qi	xi	
卷舌音（けんぜつおん）	zhi	chi	shi	ri
舌歯音（ぜっしおん）	zi	ci	si	

＊子音は後ろに単母音をつけて練習する。

発音してみましょう。 🔊 011

1. bā — pā
2. dī — tī
3. gé — ké
4. jú — qú

> j、q、x が ü と組む
> ときは、ju、qu、xu
> と表記する。

5. zǐ — cǐ
6. zhǔ — chǔ
7. nà — là
8. shì — rì

言葉を読んでみましょう。 🔊 012

1. 麻衣 Máyī　人の名前
2. 土地 tǔdì　土地
3. 历史 lìshǐ　歴史
4. 我和你 wǒ hé nǐ　私とあなた
5. 他喝茶 tā hē chá　彼はお茶を飲む
6. 不客气 bú kèqi　どういたしまして

次の早口言葉と数字を発音してみましょう。 🔊 013

四是四， 十是十， 十四是十四，四十是四十。
Sì shì sì,　shí shì shí,　shísì shì shísì,　sìshí shì sìshí.
四は四、十は十、十四は十四、四十は四十。

一	二	三	四	五	六	七	八	九	十
yī	èr	sān	sì	wǔ	liù	qī	bā	jiǔ	shí

10? 4?

発音5　複母音

複母音は二つまたは三つの単母音から成る。

014

ai	ei	ao	ou	
ia (ya)	ie (ye)	ua (wa)	uo (wo)	üe (yue)
iao (yao)	iou (you)	uai (wai)	uei (wei)	

＊（　）は、前に子音がつかないときの書き方。

＊ iou と uei は前に子音がつくとき、iu と ui のように書く。
　　例：l + iou → liu　　　g + uei → gui

015 どちらを発音したでしょう。

1. ài — wài
2. ǒu — yǒu
3. yuè — yè
4. ào — yào

5. wǒ — wǔ
6. wèi —huì
7. liú — niú
8. xià — jià

016 単語を読んでみましょう。

1. 美月 Měiyuè　　人の名前
2. 外语 wàiyǔ　　外国語
3. 数学 shùxué　　数学

4. 老师 lǎoshī　　先生
5. 饺子 jiǎozi　　ギョーザ
6. 西瓜 xīguā　　すいか

017 挨拶してみましょう。

1. 对不起！Duìbuqǐ!　　すみません。
2. 没关系。Méi guānxi.　　大丈夫です。

018 次の早口言葉を試してみましょう。

妈妈骑马，马慢，妈妈骂马。

Māma qí mǎ,　mǎ màn, māma mà mǎ.

お母さんが馬に乗ると、馬が遅いので、お母さんは馬をののしった。

発音6　鼻母音

中国語にも英語にも二つの鼻音「–n」と「–ng」がある。「–n」は、前の母音を発音した後、舌先を上の歯茎につけて発音する。「–ng」は、口をあけたまま舌先はどこにもつけずに、鼻から息を抜く感じで発音する。

🔊 019

an	en	ang	eng	ong
ian (yan)	in (yin)	iang (yang)	ing (ying)	iong (yong)
uan (wan)	uen (wen)	uang (wang)	ueng (weng)	
üan (yuan)	ün (yun)			

＊（　）は、前に子音がつかないときの書き方。

どちらを発音したでしょう。　🔊 020

1. ān — āng
2. mén — méng
3. yīn — yīng
4. dōng — xiōng
5. yuán — yún
6. wán — wáng

言葉を読んでみましょう。　🔊 021

1. 日本人 Rìběnrén　日本人
2. 中国人 Zhōngguórén　中国人
3. 问题 wèntí　問題
4. 今天 jīntiān　今日
5. 星期 xīngqī　曜日
6. 西安 Xī'ān　西安

> 後ろの音節が a, o, e ではじまる場合、前の音節との区切りを示すため「'」をつける。

次の漢詩を発音してみましょう。　🔊 022

春晓　　孟浩然
Chūn xiǎo　　Mèng Hàorán

春眠不觉晓，处处闻啼鸟。
夜来风雨声，花落知多少。

Chūn mián bù jué xiǎo, chù chù wén tí niǎo.
Yè lái fēng yǔ shēng, huā luò zhī duō shǎo.

春眠暁を覚えず、処々啼鳥を聞く。
夜来風雨の声、花落つること知る多少。

発音

19

儿化と変調

　一部の語には"儿"がつく。"儿"がついた音節は末尾を舌先をそらせて発音する。このような発音のしかたを"儿化"érhuà と呼ぶ。ピンインでは音節の末尾に -r を加えて示し、漢字表記では前の漢字の後に"儿"という漢字をつける。

023

皮儿 pír

花儿 huār

小孩儿 xiǎoháir

024 **儿化の発音に注意して、文を読んでみましょう。**

1. 你有事儿吗？　　Nǐ yǒu shìr ma?　　用事がありますか？
2. 你喜欢花儿吗？　Nǐ xǐhuan huār ma?　　花が好きですか？

　複数の音節を連続して発音するとき、前の音節の声調が後の音節の影響を受けて規則的に変化することがある。それには主に三つのケースがある。
　声調記号のつけ方は教材によって異なる。この教科書では、"不"と"一"は変調後の声調で表記し、第3声の変調では声調記号を変更しない。

025 ・ **"不"の変調** ・

　"不"は本来は第4声であるが、別の第4声の前では第2声になる。後に第1、第2、第3声が続く場合は、第4声のままである。

不是 bú shì　　　不怕 bú pà　　　不大 bú dà
不吃 bù chī　　　不愁 bù chóu　　不好 bù hǎo

026 ・ **"一"の変調** ・

　"一"は単独で発音するか音節の最後にあるとき、また順序を表すときは、第1声で発音される。

十一 shí yī　　一月一号 yīyuè yī hào　　第一天 dì-yī tiān

第1、第2、第3声の前では第4声で発音される。

　　　一家 yì jiā　　一年 yì nián　　一本书 yì běn shū

第4声の前では第2声で発音される。

　　　一样 yíyàng　　一共 yígòng　　一定 yídìng

・ 第3声の変調 ・　🔊 027

　第3声は単独で発音されるか、または音節の最後にあるときは、本来の声調、すなわち降昇調で発音される。

　　　好 hǎo　　历史 lìshǐ　　外语 wàiyǔ

　第1、第2、第4声、または軽声の前では、本来の声調の半分、つまり前の降調部分だけが発音される。

　　　好吃 hǎochī　　小林 Xiǎolín　　美月 Měiyuè　　喜欢 xǐhuan

第3声の前では、第2声になる。

　　　你好 nǐ hǎo　　好马 hǎo mǎ　　很美 hěn měi

変調の発音に注意して、文を読んでみましょう。 🔊 028

1. 现在不饿。　　　Xiànzài bú è.　　　　　　今はお腹が空いていません。
2. 我不是老师。　　Wǒ bú shì lǎoshī.　　　　私は先生ではありません。
3. 一共五个人。　　Yígòng wǔ ge rén.　　　　全部で5人です。
4. 请大家一起读。　Qǐng dàjiā yìqǐ dú.　　　一緒に読んでください。
5. 她是小林美月。　Tā shì Xiǎolín Měiyuè.　彼女は小林美月です。
6. 她的英语很好。　Tā de Yīngyǔ hěn hǎo.　彼女は英語が上手です。

発音8　発音総合練習

🔊 029　発音されたほうに○をつけましょう。

1. háo　hǎo
2. zǎi　zài
3. bú　pú
4. diān　tiān

5. gēn　kēn
6. jiàn　qiàn
7. zǎo　cǎo
8. zhōng　chōng

9. nǐ　lǐ
10. méi　wéi
11. shàn　shàng
12. jīn　jīng

🔊 030　発音を聞いて、声調記号をつけましょう。

1. 白羊座　Baiyangzuo　牡羊座（おひつじざ）
2. 金牛座　Jinniuzuo　牡牛座（おうしざ）
3. 双子座　Shuangzizuo　双子座（ふたござ）
4. 巨蟹座　Juxiezuo　蟹座（かにざ）
5. 獅子座　Shizizuo　獅子座（ししざ）
6. 処女座　Chunüzuo　乙女座（おとめざ）
7. 天秤座　Tianchengzuo　天秤座（てんびんざ）
8. 天蝎座　Tianxiezuo　蠍座（さそりざ）
9. 射手座　Sheshouzuo　射手座（いてざ）
10. 摩羯座　Mojiezuo　山羊座（やぎざ）
11. 水瓶座　Shuipingzuo　水瓶座（みずがめざ）
12. 双鱼座　Shuangyuzuo　魚座（うおざ）

声調記号の位置
1. 母音が一つならその上に。
2. a があれば a の上に。
3. a が無ければ o か e の上に。
4. -iu, -ui の場合は後ろの母音の上に。

＊ i の上に声調記号をつけるときは上の点をとる。

🔊 031　下線部を自分の星座に置き換えて、ペアで次の会話を完成させましょう。

A　我是白羊座，你呢？
　　Wǒ shì Báiyángzuò, nǐ ne?
　　私は牡羊座です。あなたは？

B　我是巨蟹座。
　　Wǒ shì Jùxièzuò.
　　私は蟹座です。

発音を聞いて、教室用語を読んでみましょう。 🔊032

1. 今天星期一。　　　　Jīntiān xīngqīyī.　　　　　今日は月曜日です。
2. 现在开始上课。　　　Xiànzài kāishǐ shàng kè.　今から授業を始めます。
3. 请看第15页。　　　　Qǐng kàn dì-shíwǔ yè.　　　15ページを見てください。
4. 请跟我读。　　　　　Qǐng gēn wǒ dú.　　　　　　私について読んでください。
5. 今天的课就到这儿。　Jīntiān de kè jiù dào zhèr.　今日の授業はここまでです。
6. 现在下课。　　　　　Xiànzài xià kè.　　　　　　　授業を終わります。

次の言葉の意味をもう一度確認しましょう。 🔊033

1. 你好！　　　　Nǐ hǎo!
2. 谢谢！　　　　Xièxie!
3. 再见！　　　　Zàijiàn!
4. 我是日本人。　Wǒ shì Rìběnrén.
5. 爸爸 bàba　　妈妈 māma
6. 一 yī　二 èr　三 sān　四 sì　五 wǔ　六 liù　七 qī　八 bā　九 jiǔ　十 shí
7. 星期一 xīngqīyī　星期二 xīngqī'èr　星期六 xīngqīliù

日本樱花（桜）很美！
Rìběn yīnghuā hěn měi!

本文編

这次我们一定要赢！

Zhè cì wǒmen yídìng yào yíng!

今度こそ絶対に勝ちます！

大家好！

1 大家好！
Dàjiā hǎo!

2 我是田中麻衣。
Wǒ shì Tiánzhōng Máyī.

3 我喜欢漫画。
Wǒ xǐhuan mànhuà.

4 请多关照！
Qǐng duō guānzhào!

5 谢谢！
Xièxie!

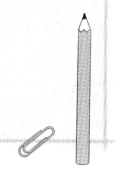

🔊 034 ✂ **単語**

1. 大家 dàjiā 代 皆、皆さん
2. 喜欢 xǐhuan 動 好き
3. 大自然 dàzìrán 名 大自然
4. 请 qǐng 動 どうぞ
5. 多 duō 形 多い、たくさん
6. 关照 guānzhào 動 世話をする、面倒を見る
7. 漫画 mànhuà 名 漫画
8. 学生 xuésheng 名 学生

豆知識

初対面の握手

中国人は初対面のとき、挨拶をするのと同時に、しっかり握手をします。別れるときは、握手をした後、手を振って挨拶をします。挨拶言葉としては、多くの場合、初対面を含めて、**"你好"** を用いることができます。

しかし、日常的に会うような間柄では、そのときの状況に合わせて適切な言葉を選びます。例えば、同僚が出かけようとしているのを見て、**"出去啊"** chūqu a（お出かけですか）と言い、同僚が外から帰ってきたのを見て、**"回来了"** huílai le（帰ってきたの）と言い、食事の時間帯に友達に会ったら、**"吃了吗？"** chī le ma（食べましたか）と言います。これらは挨拶言葉で、他の意味はありません。例えば、挨拶の **"吃了吗？"** には「食べていないなら、奢ります」という意味はありません。

第
1
課

3人がクラスメートたちの前で自己紹介をしています。

小林： 大家好！ 我是小林美月，我喜欢大自然。
　　　 Dàjiā hǎo!　　　Wǒ shì Xiǎolín Měiyuè,　 wǒ xǐhuan dàzìrán.

　　　 请多关照！
　　　 Qǐng duō guānzhào!

田中： 大家好！ 我是田中麻衣，我喜欢漫画。请多关照！
　　　 Dàjiā hǎo!　　　Wǒ shì Tiánzhōng Máyī,　 wǒ xǐhuan mànhuà.　　Qǐng duō guānzhào!

佐藤： 大家好！ 我是佐藤悠真，我是学生。谢谢！
　　　 Dàjiā hǎo!　　　Wǒ shì Zuǒténg Yōuzhēn,　 wǒ shì xuésheng.　 Xièxie!

（・ ピンインなしで読めるか？ ・）

❶ 大家好！我是小林美月。我喜欢大自然。请多关照！
❷ 大家好！我是田中麻衣，我喜欢漫画。请多关照！
❸ 大家好！我是佐藤悠真，我是学生。谢谢！

（・ ピンインだけでわかるか？ ・）

❶ Dàjiā hǎo! Wǒ shì Xiǎolín Měiyuè, wǒ xǐhuan dàzìrán.　Qǐng duō guānzhào!
❷ Dàjiā hǎo! Wǒ shì Tiánzhōng Máyī, wǒ xǐhuan mànhuà.　Qǐng duō guānzhào!
❸ Dàjiā hǎo! Wǒ shì Zuǒténg Yōuzhēn, wǒ shì xuésheng.　Xièxie!

1　肯定文

　中国語と日本語はどちらも主語の後に述語を置くという語順である。述語の種類により分類すると、中国語には主に動詞述語文、形容詞述語文、名詞述語文の3種類がある。そのうち肯定文の例は次の通りである。

動詞述語文	我是日本人。	Wǒ shì Rìběnrén.	
形容詞述語文	漫画很好。	Mànhuà hěn hǎo.	✎很 hěn 副とても
名詞述語文	今天星期一。	Jīntiān xīngqīyī.	✎今天 jīntiān 名今日

　本課で学ぶ**"我是小林美月"**と**"我喜欢大自然"**は動詞述語文である。**"大家好"**は形容詞述語文であるが、現在では挨拶言葉として定着している。

　中国語の文は主に動詞述語文や形容詞述語文であり、名詞述語文は少ない。

2　動詞述語文

　動詞述語文の語順は「主語 + 動詞 +（目的語）」（〜は〜する）である。

❶ 我喜欢漫画。　　Wǒ xǐhuan mànhuà.
❷ 妈妈喜欢美月。　Māma xǐhuan Měiyuè.
❸ 我喝茶。　　　　Wǒ hē chá.

　　✎喝 hē 動飲む；茶 chá 名お茶

　動詞**"是"**は判断を表し、語順は"A + **是** + B"（A は B である）。

❶ 我是田中麻衣。　Wǒ shì Tiánzhōng Máyī.
❷ 佐藤是学生。　　Zuǒténg shì xuésheng.

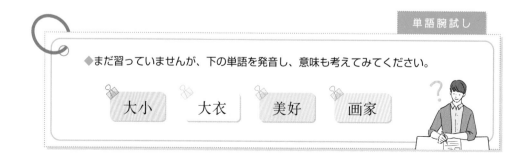

単語腕試し

◆まだ習っていませんが、下の単語を発音し、意味も考えてみてください。

大小　　大衣　　美好　　画家

下線部を他の言葉に置き換えて発音しましょう。

1. 我是 **田中麻衣**。　　日本人
　　　　　　　　　　　　学生

2. 我喜欢 **大自然**。　　米饭 (mǐfàn 名 ライス)
　　　　　　　　　　　　花儿 (huār 名 花)

3. **漫画** 很好。　　　　我
　　　　　　　　　　　　茶

Quiz and Photo

Q1 初めて会ったときによく使う挨拶の言葉は "你好" であり、大勢の人の前で挨拶するときは "大家好" と言います。自分の先生に会ったら、どう挨拶すればよいでしょうか。（中国語で先生は "老师" lǎoshī です。）

　　　Ⓐ 你好！　　　Ⓑ 大家好！　　　Ⓒ 老师好！

Q2 美月さんが中国人の友達に "再见" と言うとき、友達はよく "再见" とは言わず、"báibái" と言います。この "báibái" はどういう意味でしょうか。

　　　Ⓐ いってらっしゃい。　　Ⓑ グッドラック。　　Ⓒ 英語 "bye bye" の訳。

Q3 "谢谢" の代わりに、"多谢" と言うこともできます。では、"多谢" の意味は何でしょうか。

　　　Ⓐ どうもありがとう。
　　　Ⓑ 何度もお礼を言いました。

 我喜欢小孩儿 (子供) 的画 (絵)。
Wǒ xǐhuan xiǎoháir de huà.

次のピンインを漢字に直し、さらに日本語に訳しましょう。

1 Wǒ shì Xiǎolín Měiyuè.

漢字 .... 日本語 ....

2 Wǒ xǐhuan dàzìrán.

漢字 .... 日本語 ....

3 Qǐng duō guānzhào!

漢字 .... 日本語 ....

日本語を参考に、言葉を並べ替えましょう。

1 私は漫画が好きです。
［ 漫画　我　喜欢 ］

....

2 私は田中麻衣です。
［ 田中麻衣　是　我 ］

....

発音を聞いて正しい答えを選びましょう。　🔊 037

1 你好！我是小林麻（má mǎ mà）耶（yē yě yè），请多关照。

2 你好！我是田中大（dā dá dà）树（shū shú shù），请多关照。

3 你好！我是佐藤亮（liáng liǎng liàng），请多关照。

Training 4 発音を聞いて正しい答えを選びましょう。 🔊 038

① 麻衣喜欢美食（meishi）。

② 美月喜欢外语（waiyu）。

③ 爸爸喜欢学习（xuexi）。

④ 妈妈喜欢喝茶（he cha）。

Training 5 軽声の発音に注意しながら、次の言葉を読みましょう。

爷爷 yéye 　父方のおじいさん 　　　　奶奶 nǎinai 　父方のおばあさん

哥哥 gēge 　お兄さん 　　　　　　　　姐姐 jiějie 　お姉さん

弟弟 dìdi 　弟 　　　　　　　　　　　妹妹 mèimei 　妹

我的 wǒ de 　私の 　　　　　　　　　什么 shénme 　なに

文 への挑戦 🔊 039

中国語には、次のような諺があります。この諺の意味を考えながら、声に出して読んでみましょう。

一日之计在于晨， 一年之计在于春， 一生之计在于勤。
Yí rì zhī jì zài yú chén,　　　yì nián zhī jì zài yú chūn,　　　yìshēng zhī jì zài yú qín.
♣ 一日の計は朝にあり、一年の計は春にあり、一生の計は勤にあり。

大家好！ 我喜欢大自然。 请多关照！
Dàjiā hǎo! 　Wǒ xǐhuan dàzìrán. 　Qǐng duō guānzhào!

你喜欢什么？

1 你呢？
Nǐ ne?

2 你喜欢什么？
Nǐ xǐhuan shénme?

3 我喜欢漫画，也喜欢美食。
Wǒ xǐhuan mànhuà, yě xǐhuan měishí.

4 你学习什么外语？
Nǐ xuéxí shénme wàiyǔ?

5 我学习英语。
Wǒ xuéxí Yīngyǔ.

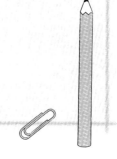

🔊 040 〉 単語

1. 也 yě 副 ～も
2. 美食 měishí 名 美食、グルメ
3. 呢 ne 助 省略疑問文に用いる
4. 什么 shénme 代 なに

5. 学习 xuéxí 動 学習する、勉強する
6. 外语 wàiyǔ 名 外国語
7. 运动 yùndòng 名 スポーツ
8. 西瓜 xīguā 名 すいか

 豆知識

　若い人たちは趣味が多く、同じような趣味を持つ人と一緒に活動できる "兴趣圈" xìngqù-quān (趣味サークル) を形成しています。同じ興味を持つ人々との交流は共通の話題があることから話が盛り上がりやすく、すぐに友達を作ることができます。ある調査によると、中国の多くの若者は2〜5個の趣味サークルを持っていて、上位にランクインした趣味は、旅行、ゲーム、読書、グルメ、アニメ、スポーツです。

左、若者の趣味グループは仮想空間上のグループが多い。ここでは1人の大学生が自分が投稿した写真に対するコメントを見ている。
右、江蘇省南京市の観光名所「老門東」。

授業中、3人が中国語で会話の練習をしています。

田中： 我喜欢漫画，也喜欢美食。你喜欢什么？
Wǒ xǐhuan mànhuà,　yě xǐhuan měishí.　Nǐ xǐhuan shénme?

小林： 我喜欢大自然，也喜欢学习外语。你呢？
Wǒ xǐhuan dàzìrán,　yě xǐhuan xuéxí wàiyǔ.　Nǐ ne?

佐藤： 我喜欢运动，也喜欢西瓜。谢谢！
Wǒ xǐhuan yùndòng,　yě xǐhuan xīguā.　Xièxie!

第2課

・ ピンインなしで読めるか？ ・

① 我喜欢漫画，也喜欢美食。你喜欢什么？
② 我喜欢大自然，也喜欢学习外语。你呢？
③ 我喜欢运动，也喜欢西瓜。谢谢！

・ ピンインだけでわかるか？ ・

① Wǒ xǐhuan mànhuà, yě xǐhuan měishí.　Nǐ xǐhuan shénme?
② Wǒ xǐhuan dàzìrán, yě xǐhuan xuéxí wàiyǔ.　Nǐ ne?
③ Wǒ xǐhuan yùndòng, yě xǐhuan xīguā. Xièxie!

1　疑問文 (1)

疑問文には以下のようにいくつかの型がある。①イントネーションを変える、②疑問詞を用いる、③文末に疑問を表す助詞をつける。

❶ 你说外语？　　　　　Nǐ shuō wàiyǔ?　　✎说 shuō 動話す
❷ 你喜欢什么？　　　　Nǐ xǐhuan shénme?
❸ 你呢？　　　　　　　Nǐ ne?

2　疑問詞 "什么"

"什么" は事物を問うために用いられ、別の名詞の前に置くこともできる。

❶ 这是什么？　　　　　Zhè shì shénme?　　✎这 zhè 代これ
　 这是西瓜。　　　　　Zhè shì xīguā.

❷ 美月学习什么外语？　Měiyuè xuéxí shénme wàiyǔ?
　 美月学习英语。　　　Měiyuè xuéxí Yīngyǔ.　　✎英语 Yīngyǔ 名英語

3　助詞 "呢"

"呢" を用いて疑問文の省略形「～は？」を作ることができる。省略形の後ろには、明確な質問を追加することもできる。

❶ 田中呢？　　　　　　Tiánzhōng ne?
❷ 你呢？ 你喜欢什么？　Nǐ ne? Nǐ xǐhuan shénme?

単語腕試し

◆まだ習っていませんが、下の単語を発音し、意味も考えてみてください。

大学　　運动衣　　美食家

Drill 下線部を他の言葉に置き換えて発音しましょう。

1. 你喜欢 <u>什么</u>？　　谁 (shéi 代 だれ)
   　　　　　　　　　　哪儿 (nǎr 代 どこ)

2. 我喜欢 <u>学习外语</u>。　说外语
   　　　　　　　　　　喝茶

3. 我也喜欢 <u>美食</u>。　鸡蛋 (jīdàn 名 卵)
   　　　　　　　　　　西瓜

Quiz and Photo

Q1 "请多关照"の意味はもう習いました。では、"请多运动"はどんな意味でしょうか？

Ⓐ たくさん運動してください。　　Ⓑ たくさん運動しました。

Q2 「どんな美味しい物が好きですか？」はどう言ったらいいでしょうか？

Ⓐ 你喜欢美食什么?　　Ⓑ 你喜欢什么美食?

Q3 "你学习什么外语?"と聞かれたら、どう答えましょうか。

Ⓐ 我英语学习。　　Ⓑ 我学习英语。

你喜欢什么水果 (果物)？
Nǐ xǐhuan shénme shuǐguǒ?

草莓 cǎoméi

苹果 píngguǒ

香蕉 xiāngjiāo

菠萝 bōluó

葡萄 pútao

桔子 júzi

Training 1 次のピンインを漢字に直し、さらに日本語に訳しましょう。

1 Wǒ yě xǐhuan xuéxí wàiyǔ.

漢字 _____   日本語 _____

2 Nǐ xǐhuan shénme?

漢字 _____   日本語 _____

3 Wǒ xǐhuan shuō Yīngyǔ!

漢字 _____   日本語 _____

Training 2 日本語を参考に、言葉を並べ替えましょう。

1 何を勉強しますか？
　［ 什么　学习　你 ］

_____

2 私も外国語を話します。
　［ 我　外语　也　说 ］

_____

3 どんなスポーツが好きですか？
　［ 你　什么　运动　喜欢 ］

_____

Training 3 発音を聞いて正しい答えを選びましょう。 🔊 043

1 李林（Lǐ Lín　Lǐ Líng），你喜欢什么？

2 谢安（Xiè Ān　Xiǎo Āng），你喜欢什么？

3 由子（Yóuzǐ　Yòuzì），你说什么外语？

Training 4 発音を聞いて正しい声調をつけなさい。 🔊 044

❶ 我不喜欢数学（shuxue）。

❷ 学习外语很有用（youyong）。

❸ 学习历史（lishi）很有意思（you yisi）。

Training 5 第3声の発音に注意しながら、次の文を読みましょう。

❶ 大自然很美。　　　　Dàzìrán hěn měi.

❷ 我也是学生。　　　　Wǒ yě shì xuésheng.

❸ 我喜欢学习英语。　　Wǒ xǐhuan xuéxí Yīngyǔ.

🔍 文への挑戦 　　　　　　🔊 045

　子供を教育するとき、中国人はよく次の言葉を使います。この言葉の意味を考えながら、声に出して読んでみましょう。

少壮不努力，老大徒伤悲。
Shàozhuàng bù nǔlì, lǎodà tú shāngbēi.
♣若いときに努力しないと、年をとってからいたずらに悲しむだけだ。

我喜欢花儿。你呢，你喜欢什么？
Wǒ xǐhuan huār.　Nǐ ne, nǐ xǐhuan shénme?

学习外语很有用！

1 学习外语很有用。
Xuéxí wàiyǔ hěn yǒuyòng.

2 学习历史很有意思。
Xuéxí lìshǐ hěn yǒu yìsi.

3 听音乐很放松。
Tīng yīnyuè hěn fàngsōng.

4 我也不喜欢数学。
Wǒ yě bù xǐhuan shùxué.

5 数学太难了！
Shùxué tài nán le!

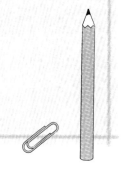

🔊 046 ⇒ **単語**

1. 有用 yǒuyòng 形 役に立つ
2. 历史 lìshǐ 名 歴史
3. 有意思 yǒu yìsi 面白い
4. 音乐 yīnyuè 名 音楽
5. 听 tīng 動 聞く

6. 放松 fàngsōng 動 緩める、リラックスする
7. 不 bù 副 否定を表す
8. 数学 shùxué 名 数学
9. 太～了 tài ～ le 非常に、とても
10. 难 nán 形 難しい

豆知識

有声故事] 对牛弹琴
sohu.com

动物成语故事对牛弹琴简笔画_动物成语（中_
jianbihua.com

对牛弹琴》的故事，《对牛弹琴》的意思和_
gf521.com

对牛弹琴插画图片下载-正版图片401002562-_
699pic.com

"对牛弹琴" というキーワードでグーグルで検索して得られた画像の一部

　中国の長い歴史の中で、音楽に関する物語はたくさんあります。例えば、中国史で有名な孔子は「韶楽（しょうがく）」を聞いて大好きな肉の味を３ヶ月も忘れてしまったと言われています。これを、**"三月不知肉味"** sān yuè bù zhī ròu wèi と言います。もう一つ例を挙げると、戦国時代の音楽家公明儀は牛の前で琴を演奏し、名曲を聞かせましたが、牛は知らぬ顔で草を食べていました。**"对牛弹琴"** duìniú-tánqín の結果は **"牛不懂"** niú bù dǒng でした。

3人が自分の趣味について話しています。

小林： 我喜欢外语，学习外语很有用！
Wǒ xǐhuan wàiyǔ, xuéxí wàiyǔ hěn yǒuyòng!

田中： 我喜欢历史，学习历史很有意思！
Wǒ xǐhuan lìshǐ, xuéxí lìshǐ hěn yǒu yìsi!

佐藤： 我喜欢音乐，听音乐很放松！
Wǒ xǐhuan yīnyuè, tīng yīnyuè hěn fàngsōng!

小林： 我不喜欢数学，数学太难了！
Wǒ bù xǐhuan shùxué, shùxué tài nán le!

田中： 你呢？你不喜欢什么？
Nǐ ne? Nǐ bù xǐhuan shénme?

佐藤： 我不喜欢外语，也不喜欢历史。
Wǒ bù xǐhuan wàiyǔ, yě bù xǐhuan lìshǐ.

⬭ ピンインなしで読めるか？

❶ 我喜欢外语，学习外语很有用。
❷ 我不喜欢数学，数学太难了！

⬭ ピンインだけでわかるか？

❶ Wǒ xǐhuan wàiyǔ, xuéxí wàiyǔ hěn yǒuyòng.
❷ Wǒ bù xǐhuan shùxué, shùxué tài nán le!

1 否定文

　動詞・形容詞を否定するとき、これらの前に副詞**"不"**をつける。**"有"** yǒu（ある、いる、持っている）は特別で、否定形は**"没有"** méiyǒu である。"有用""有意思"のような語も前に**"没"**をつけて否定する。

❶ 田中不喜欢数学。　Tiánzhōng bù xǐhuan shùxué.

❷ 我不学习外语。　Wǒ bù xuéxí wàiyǔ.

❸ 我没有篮球。　Wǒ méiyǒu lánqiú.

　　　✎ 篮球 lánqiú 名 バスケットボール

❹ 数学没有意思。　Shùxué méiyǒu yìsi.

2 形容詞述語文

　形容詞述語文の肯定形では、よく形容詞の前に副詞をつける。最も一般的な副詞は**"很"**である。**"很"**を軽く発音した場合、程度を強調する本来の働きはない。

❶ 学习外语很有用。　Xuéxí wàiyǔ hěn yǒuyòng.

❷ 历史很有意思。　Lìshǐ hěn yǒu yìsi.

3 動詞フレーズ

　動詞フレーズや主語がある動詞フレーズは、そのままで目的語や主語になることができる。

❶ 我喜欢［学习外语］。　Wǒ xǐhuan xuéxí wàiyǔ.

❷ 我知道［他喜欢西瓜］。　Wǒ zhīdao tā xǐhuan xīguā.

　　　✎ 知道 zhīdao 動 知る、知っている

❸ ［学习历史］很有意思。　Xuéxí lìshǐ hěn yǒu yìsi.

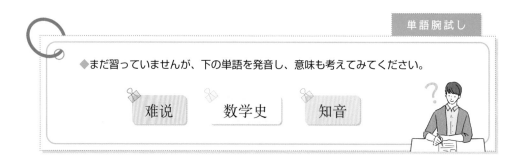

単語腕試し

◆まだ習っていませんが、下の単語を発音し、意味も考えてみてください。

难说　　数学史　　知音

Drill 下線部を他の言葉に置き換えて発音しましょう。

1. 我不 **喜欢数学**。　　是学生；说外语

2. 我没有 **篮球**。　　自行车 (zìxíngchē 名自転車)；手机 (shǒujī 名携帯)

3. 听音乐很 **放松**。　　好；有意思

4. 数学太 **难** 了！　　有用；容易 (róngyì 形易しい)

第3課

Q1　"有意思" は文字通りの「意味がある」ではなく、「おもしろい」という意味です。これと同様に考えると、"有名" はどんな意味でしょうか。（名 míng 名名前）

　　Ⓐ 名前を持っている。　　Ⓑ よく知られている。

Q2　週末の予定について、友達がいい案を出しました。「すごくいい」という意味を表すとき、どう言えばよいでしょうか？

　　Ⓐ 很好！　　Ⓑ 太好了！

Q3　音楽が嫌いで、人から理由を聞かれたとき、どう答えたらよいでしょうか？

　　Ⓐ 听音乐不有意思。　　Ⓑ 听音乐没有意思。

学习历史很有意思。
Xuéxí lìshǐ hěn yǒu yìsi.

Training 1 次のピンインを漢字に直し、さらに日本語に訳しましょう。

❶ Xuéxí wàiyǔ hěn yǒuyòng.

漢字 _____ 日本語 _____

❷ Xuéxí lìshǐ hěn yǒu yìsi.

漢字 _____ 日本語 _____

❸ Wǒ bù xǐhuan shùxué, shùxué tài nán le!

漢字 _____ 日本語 _____

Training 2 日本語を参考に、言葉を並べ替えましょう。

❶ 私は歴史が嫌いです。
［ 历史　我　喜欢　不 ］

_____

❷ 数学は難しすぎます。
［ 难　数学　太　了 ］

_____

❸ 外国語の勉強は役に立ちます。
［ 学习　外语　有用　很 ］

_____

Training 3 発音を聞いて正しい答えを選んで空欄に記入しましょう。 🔊 049

❶ 篮（___án）球太难了！　　　　　（l　r）

❷ 你学习什么历（___ì）史？　　　　（l　r）

❸ 我喜欢（hu___）篮球。　　　　　（an　ang）

発音を聞いて正しい声調をつけなさい。 🔊 050

❶ 数学很难，不过 (buguo) 很有意思。

❷ 外语和历史不一样 (yiyang)。

❸ 你为什么 (wei shenme) 喜欢外语？

"不"の発音に注意しながら、次の文を読みましょう。

❶ 我不听音乐。　　Wǒ bù tīng yīnyuè.

❷ 我不吃草莓。　　Wǒ bù chī cǎoméi.

❸ 我不学外语。　　Wǒ bù xué wàiyǔ.

❹ 这不是漫画。　　Zhè bú shì mànhuà.

文への挑戦 🔊 051

　万里の長城について、中国人はよく次のように言います。この言葉の意味を考えながら、声に出して読んでみましょう。

不到长城非好汉。
Bú dào Chángchéng fēi hǎohàn.
♣長城に至らなければ、一人前の男だとは言えない。

学习外语很有用，　也很有意思。
Xuéxí wàiyǔ hěn yǒuyòng,　　yě hěn yǒu yìsi.

为什么呢？

1. 问你一个问题。
   Wèn nǐ yí ge wèntí.

2. 你为什么喜欢外语？
   Nǐ wèi shénme xǐhuan wàiyǔ?

3. 外语和日语不一样。
   Wàiyǔ hé Rìyǔ bù yíyàng.

4. 如果不一样，就很有意思。
   Rúguǒ bù yíyàng, jiù hěn yǒu yìsi.

5. 真的很难，不过，也很有意思。
   Zhēnde hěn nán, búguò, yě hěn yǒu yìsi.

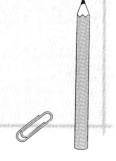

🔊 052 単語

1. 问 wèn 〔動〕問う、質問する
2. 个 gè 〔量〕人や物を数える
3. 问题 wèntí 〔名〕問題
4. 为什么 wèi shénme なぜ、どうして
5. 真的 zhēnde 〔副〕確かに、ほんとに
6. 不过 búguò 〔接〕しかし
7. 因为 yīnwèi 〔接〕～だから、～のために
8. 日语 Rìyǔ 〔名〕日本語
9. ～和～一样 ～hé～yíyàng ～は～と同じ
10. 如果～就～ rúguǒ～jiù～ もしも～なら～

豆知識

脸上脏不脏，看它就知道。

日本語には、「言葉のかくれんぼ」があります。「なかに います」という文の中には、「かに」が隠れています。中 国語では子供向けの「なぞなぞ」が人気です。例えば、

你哭它也哭，你笑它也笑。
Nǐ kū tā yě kū, nǐ xiào tā yě xiào.
君が泣くとそれも泣き、君が笑うとそれも笑う。

脸上脏不脏，看它就知道。
Liǎn shang zāng bu zāng, kàn tā jiù zhīdao.
顔が汚いかどうか、それを見ればすぐわかる。

答えは「鏡」です。

田中さんと小林さんが一緒に話しています。

田中: **美月，问你一个问题。**
Měiyuè, wèn nǐ yí ge wèntí.

小林: **什么问题?**
Shénme wèntí?

田中: **外语很难，你为什么喜欢学习外语?**
Wàiyǔ hěn nán, nǐ wèi shénme xǐhuan xuéxí wàiyǔ?

小林: **外语真的很难，不过，也很有意思。**
Wàiyǔ zhēnde hěn nán, búguò, yě hěn yǒu yìsi.

田中: **外语很有意思? 为什么呢?**
Wàiyǔ hěn yǒu yìsi? Wèi shénme ne?

小林: **因为外语和日语不一样。**
Yīnwèi wàiyǔ hé Rìyǔ bù yíyàng.

如果不一样，就很有意思。
Rúguǒ bù yíyàng, jiù hěn yǒu yìsi.

(・ ピンインなしで読めるか? ・)

❶ 外语很有意思? 为什么呢?
❷ 因为外语和日语不一样。如果不一样，就很有意思。

(・ ピンインだけでわかるか? ・)

❶ Wàiyǔ hěn yǒu yìsi? Wèi shénme ne?
❷ Yīnwèi wàiyǔ hé Rìyǔ bù yíyàng. Rúguǒ bù yíyàng, jiù hěn yǒu yìsi.

第4課

1 　疑問詞 "为什么"

疑問詞 **"为什么"** は、原因や理由を尋ねる。

❶ 她为什么喜欢漫画？　　　　Tā wèi shénme xǐhuan mànhuà?

　　　　　　　　　　　　　✎ 她 tā 代 彼女

❷ 外语很有意思？ 为什么呢？　Wàiyǔ hěn yǒu yìsi? Wèi shénme ne?

2 　比較文

二つの事物 A と B を比較して、両者が同じとき、「**A 和 B 一样**（形容詞）」という文型を使う。否定形するときは、**"一样"** の前に **"不"** をつける。

❶ 数学和外语一样难。　　Shùxué hé wàiyǔ yíyàng nán.

❷ 外语和日语不一样。　　Wàiyǔ hé Rìyǔ bù yíyàng.

A と B における程度差を比較するときは、他の文型を用いる。その文型は第 13 課で学習する。

3 　"如果～就～"

"如果" は仮定条件を提示し、その結果を表すフレーズには **"就"** が用いられる。

❶ 如果不一样，就很有意思。　Rúguǒ bù yíyàng, jiù hěn yǒu yìsi.

❷ 如果有用，我就学习。　　　Rúguǒ yǒuyòng, wǒ jiù xuéxí.

"如果" を用いないこともある。例えば、**"不一样就很有意思" "有用我就学习"** と言うこともできる。

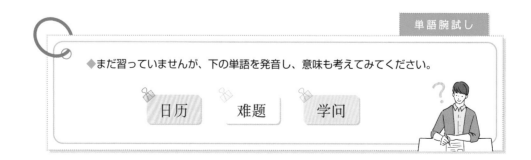

単語腕試し

◆まだ習っていませんが、下の単語を発音し、意味も考えてみてください。

日历　　难题　　学问

下線部を他の言葉に置き換えて発音しましょう。

1. 她为什么喜欢**学习外语**？　　喝咖啡（kāfēi 名コーヒー）
　　　　　　　　　　　　　　　　听音乐

2. 数学和外语一样**难**。　　　　有意思
　　　　　　　　　　　　　　　　有用

3. 如果**不一样**，就很**有意思**。　容易，学习
　　　　　　　　　　　　　　　　不知道，不说

Q1 "不一样就好" という文はどんな意味でしょうか？

　Ⓐ 違っているならいいです。　　Ⓑ 同じならダメ。

Q2 「なぜ外国語を勉強したのですか」と聞かれたら、あなたはどう答えますか？

　Ⓐ 外语很难。　　Ⓑ 外语很有用。　　Ⓒ 外语很有意思。

Q3 美月さんは「数学は難しいが、外国語は難しくない」と言っていますが、もし「数学も外国語も難しい」ということであれば、どう言ったらよいでしょうか？

　Ⓐ 数学和外语真的很难。　　Ⓑ 数学很难，外语也很难。

 外语和日语不一样，真的很难，不过，也很有意思。
Wàiyǔ hé Rìyǔ bù yíyàng, zhēnde hěn nán, búguò, yě hěn yǒu yìsi.

Training 1 次のピンインを漢字に直し、さらに日本語に訳しましょう。

1 Nǐ wèi shénme xǐhuan xuéxí wàiyǔ?

漢字 _____   日本語 _____

2 Wàiyǔ hé Rìyǔ bù yíyàng.

漢字 _____   日本語 _____

3 Rúguǒ bù yíyàng, jiù hěn yǒu yìsi.

漢字 _____   日本語 _____

Training 2 日本語を参考に、言葉を並べ替えましょう。

1 あなたはなぜ数学が好きですか？
［ 数学　喜欢　为什么　你 ］

....

2 テニスとバスケットボールは違います。（テニス：名 网球 wǎngqiú）
［ 篮球　网球　和　不　一样 ］

....

3 面白いのなら、私は勉強します。
［ 有意思　学习　就　如果　我 ］

....

Training 3 発音を聞いて正しい答えを選びましょう。　🔊 055

1 真（　　　　）的很有意思。　　　　（zhēn　zhēng）

2 谁不喜欢说（　　　　）外语？　　　（suō　shuō）

3 你为（　　　　）什么问我问题？　　（wèi　wèn）

Training 4 発音を聞いて正しい声調をつけなさい。 🔊 056

❶ 学习日本 (Riben) 历史很难。

❷ 如果好吃 (haochi)，大家就喜欢。

❸ 数学很有用，不过，真的非常 (feichang) 难。

❹ 美月很喜欢外语老师 (laoshi)。

Training 5 軽声の発音に注意しながら、次の文を読みましょう。

❶ 问你一个问题。　　　　　Wèn nǐ yí ge wèntí.

❷ 为什么学习外语很有意思？　Wèi shénme xuéxí wàiyǔ hěn yǒu yìsi?

❸ 麻衣真的喜欢漫画。　　　　Máyī zhēnde xǐhuan mànhuà.

文 への挑戦　🔊 057

外国語を学ぶことの重要性に言及するとき、人々はよく次のように言います。

语言的限制就是对我的世界的限制。
Yǔyán de xiànzhì jiù shì duì wǒ de shìjiè de xiànzhì.

♣言葉の制約は、私の世界への制約である。

これは、オーストリアの哲学者ヴィトゲンシュタインの名言 "The limits of my language are the limits of my world" を訳したものです。言い換えれば、外国語をマスターするということは、新しい世界に入るということです。この言葉の意味を考えながら、声に出して読んでみましょう。

사랑한다

韩国语 Hánguóyǔ

معماری ایرانی
نمایشگاه جهانی

阿拉伯语 Ālābóyǔ

Salut

Bonjour

法语 Fǎyǔ

西班牙语 Xībānyáyǔ

CIAO

意大利语 Yìdàlìyǔ

Danke!

德语 Déyǔ

如果外语不难，就太好了！
Rúguǒ wàiyǔ bù nán, jiù tài hǎo le!

第 5 課

我想尝尝水饺子

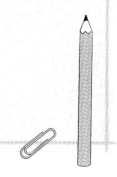

・キーセンテンス・

1 这是什么?
Zhè shì shénme?

2 这是中国的水饺子。
Zhè shì Zhōngguó de shuǐ jiǎozi.

3 和日本的饺子不一样。
Hé Rìběn de jiǎozi bù yíyàng.

4 她想尝尝水饺子。
Tā xiǎng chángchang shuǐ jiǎozi.

5 你问的问题太难了!
Nǐ wèn de wèntí tài nán le!

🔊 058 　 **単語**

1. 老师 lǎoshī 名 先生
2. 饺子 jiǎozi 名 ギョーザ
3. 真 zhēn 形 真実である、本当である
4. 的 de 助 〜の
5. 啊 ā 助 感嘆の語気を表す
6. 中国 Zhōngguó 名 中国
7. 水 shuǐ 名 水
8. 好吃 hǎochī 形 口当たりがよい、美味しい
9. 非常 fēicháng 副 非常に
10. 想 xiǎng 助動 〜したい
11. 尝 cháng 動 味わう、味見する

豆知識

　中国人、特に中国北方の人はギョーザが大好きで、民間では **"好吃不过饺子"** hǎochī bú guò jiǎozi（ギョーザほどおいしいものはない）と言われています。中国では、**"饺子"** といえば、やはり **"水饺子"** です。他には、焼きギョーザ、蒸しギョーザなどもあります。中国では **"饺子"** は主食で、おかずを添えて食べます。他の主食（麺類やご飯）と一緒に食べることはありません。大学生が一食に **"饺子"** を二、三十個食べることも珍しくありません。**"饺子"** を作るのには時間がかかりますが、いつも家族みんなで一緒に作って楽しんでいます。

家族でギョーザを作っています

田中さんが中国語の先生に質問しています。

田中：老师，这是什么？
Lǎoshī,　　zhè shì shénme?

老师：是饺子。
Shì jiǎozi.

田中：真的？　和日本的饺子不一样啊！
Zhēn de?　　Hé Rìběn de jiǎozi bù yíyàng a!

老师：这是中国的饺子，水饺子。
Zhè shì Zhōngguó de jiǎozi,　　shuǐ jiǎozi.

田中：日本的饺子很好吃，水饺子呢？
Rìběn de jiǎozi hěn hǎochī,　　shuǐ jiǎozi ne?

老师：水饺子也很好吃，我非常喜欢。
Shuǐ jiǎozi yě hěn hǎochī,　　wǒ fēicháng xǐhuan.

田中：真的？　我想尝尝水饺子。
Zhēn de?　　Wǒ xiǎng chángchang shuǐ jiǎozi.

（・ ピンインなしで読めるか？ ・）

❶ 这是中国的饺子，水饺子。
❷ 日本的饺子很好吃，水饺子呢？
❸ 水饺子也很好吃，我非常喜欢。
❹ 真的？ 我想尝尝水饺子。

（・ ピンインだけでわかるか？ ・）

❶ Zhè shì Zhōngguó de jiǎozi, shuǐ jiǎozi.
❷ Rìběn de jiǎozi hěn hǎochī, shuǐ jiǎozi ne?
❸ Shuǐ jiǎozi yě hěn hǎochī, wǒ fēicháng xǐhuan.
❹ Zhēn de? Wǒ xiǎng chángchang shuǐ jiǎozi.

ポイント 🔊 060

1　助詞 "的"（1）

　助詞の **"的"** は前の言葉と一緒に後ろの名詞を修飾するために用いられ、意味は日本語の「の」に近い。しかし、日本語の「の」は名詞と代名詞の後にしか使えない（「私の友達」「自然の中」）のに対し、中国語の **"的"** は名詞や代名詞のほかに、形容詞や動詞の後にも用いられる。

❶ 老师的漫画　　lǎoshī de mànhuà
❷ 中国的大自然　Zhōngguó de dàzìrán
❸ 有意思的运动　yǒu yìsi de yùndòng
❹ 好吃的水饺子　hǎochī de shuǐ jiǎozi
❺ 听的音乐　　　tīng de yīnyuè
❻ 问的问题　　　wèn de wèntí

　人称代名詞の後に、人と人の関係を表す言葉や組織の名称があれば、**"的"** は省略できる。例えば、**"我爸爸"** wǒ bàba **"我妈妈"** wǒ māma と言える。また、単音節の形容詞の後ではよく **"的"** を省略する。例えば、**"好学生"** hǎo xuésheng **"大问题"** dà wèntí と言える。

2　動詞の重ね型

　動詞を重ねることで、回数が「ちょっと」であったり、継続時間が「ちょっと」であったりすることを表す。人に何かを頼むときは、口調を和らげて、言葉をより丁寧にする効果がある。例えば、**"尝尝"** chángchang **"说说"** shuōshuo **"问问"** wènwen **"运动运动"** yùndòng yùndòng **"学习学习"** xuéxí xuéxí。
　単音節動詞を重ねるとき、二つ目の動詞の部分は軽声で発音される。

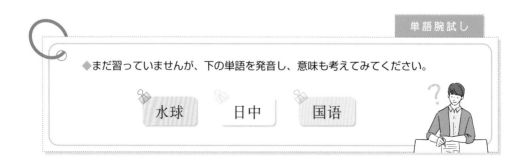

単語腕試し

◆まだ習っていませんが、下の単語を発音し、意味も考えてみてください。

🎁 水球　　🎁 日中　　🎁 国语

Drill 下線部を他の言葉に置き換えて発音しましょう。

1. 这是 **老师** 的电脑（diànnǎo 名 パソコン）。　　图书馆（túshūguǎn 名 図書館）
　　　　　　　　　　　　　　　　　　　　　　　　爸爸

2. 非常 **有意思** 的 **运动**。　　　　　　　　好吃，面条（miàntiáo 名 麺類）
　　　　　　　　　　　　　　　　　　　　　　　放松，音乐

3. 他（tā 代 彼）想 **尝尝** **水饺子**。　　　　问，老师
　　　　　　　　　　　　　　　　　　　　　　　说，外语

Q1　"他问的问题太难了！"という文の翻訳として正しいのはどちらでしょうか？

　　Ⓐ 彼が尋ねた問題は難しすぎます。
　　Ⓑ 彼は質問をするのが難しいと思った。

Q2　「先生に聞いてみたいです」という文の翻訳として正しいのはどちらでしょうか？

　　Ⓐ 我想说说老师。　　Ⓑ 我想问问老师。

Q3　「非常に聞いてみたいです」という文の翻訳として正しいのはどちらでしょうか？

　　Ⓐ 非常想听听。　　Ⓑ 想听听非常。

饺子真的很好吃，你想尝尝吗？
Jiǎozi zhēnde hěn hǎochī, nǐ xiǎng chángchang ma?

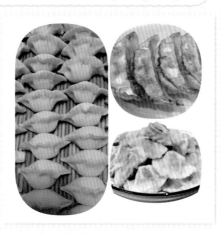

・ トレーニング ・

Training 1 次のピンインを漢字に直し、さらに日本語に訳しましょう。

❶ Zhè shì Zhōngguó de shuǐ jiǎozi.

漢字 ＿＿＿＿＿＿＿＿＿＿＿＿＿＿＿ 日本語 ＿＿＿＿＿＿＿＿＿＿＿＿＿＿＿

❷ Hé Rìběn de jiǎozi bù yíyàng.

漢字 ＿＿＿＿＿＿＿＿＿＿＿＿＿＿＿ 日本語 ＿＿＿＿＿＿＿＿＿＿＿＿＿＿＿

❸ Wǒ xiǎng chángchang shuǐ jiǎozi.

漢字 ＿＿＿＿＿＿＿＿＿＿＿＿＿＿＿ 日本語 ＿＿＿＿＿＿＿＿＿＿＿＿＿＿＿

Training 2 日本語を参考に、言葉を並べ替えましょう。

❶ 日本のギョーザは美味しいです。
［ 饺子　日本　的　很　好吃 ］

＿＿＿＿＿＿＿＿＿＿＿＿＿＿＿＿＿＿＿＿＿＿＿＿＿＿＿＿＿＿＿＿＿＿＿

❷ これはおいしいすいかです。
［ 是　西瓜　好吃　的　这 ］

＿＿＿＿＿＿＿＿＿＿＿＿＿＿＿＿＿＿＿＿＿＿＿＿＿＿＿＿＿＿＿＿＿＿＿

❸ 私は水ギョーザを食べてみたいです。
［ 尝尝　想　我　水饺子 ］

＿＿＿＿＿＿＿＿＿＿＿＿＿＿＿＿＿＿＿＿＿＿＿＿＿＿＿＿＿＿＿＿＿＿＿

Training 3 発音を聞いて正しい答えを選びましょう。　🔊 061

❶ 老师，这个好吃（　　　　）吗？　　　（chī　shī）

❷ 麻衣非（　　　　）常喜欢美食。　　　（fēi　měi）

❸ 如果（　　　　）很难，我就不学习。　（guó　guǒ）

Training 4 発音を聞いて正しい声調をつけなさい。 🔊 062

1 这是谁的词典（cidian）？

2 请美月回答（huida）问题。

3 现在（xianzai）我想听听音乐。

4 老师和警察（jingcha）不一样。

Training 5 zh ch sh の発音に注意しながら、文を読みましょう。

1 我是中国老师。　　Wǒ shì Zhōngguó lǎoshī.

2 这是好吃的水饺子。　Zhè shì hǎochī de shuǐ jiǎozi.

3 他想尝尝日本美食。　Tā xiǎng chángchang Rìběn měishí.

🔍 文 への挑戦　　🔊 063

　食事について、中国人はよく次のように言います。この言葉の意味を考えながら、声に出して読んでみましょう。

民以食为天。

Mín yǐ shí wéi tiān.

♣民は食をもって天となす。

这是我喜欢的歌儿（歌）。
Zhè shì wǒ xǐhuan de gēr.

我想运动运动。
Wǒ xiǎng yùndòng yùndòng.

第6課

你是警察吗？

キーセンテンス

1 我问，你回答，好吗？
Wǒ wèn, nǐ huídá, hǎo ma?

2 这是你的书吗？
Zhè shì nǐ de shū ma?

3 对，这是我的汉语书。
Duì, zhè shì wǒ de Hànyǔ shū.

4 这是饺子，那是包子。
Zhè shì jiǎozi, nà shì bāozi.

5 为什么问这么多问题？
Wèi shénme wèn zhème duō wèntí?

064 〜

単語

1. 回答 huídá 動 回答する
2. 对 duì 形 正しい、合っている
3. 书 shū 名 本、書籍
4. 汉语 Hànyǔ 名 漢民族の言語、（広く）中国語
5. 词典 cídiǎn 名 辞書
6. 电子 diànzǐ 名 電子
7. 现在 xiànzài 名 現在、今
8. 警察 jǐngchá 名 警察、警察官
9. 那么 nàme 代 そんなに、あんなに
10. 这么 zhème 代 こんなに

豆知識

中国語で先生を呼ぶときは、単に"老师"と言ったり、フルネームや姓を前につけて"李真老师""李老师"と言ったりします。"师徒如父子"shītú rú fùzǐ「師弟は父子の如し」は多くの中国人になじみのある言葉です。中国では、先生は尊敬される職業です。そのため、学校の事務室の職員など、教師でない人もよく"老师"と呼ばれています。また、1985年から毎年9月10日を「先生の日」と定めています。中国語で、"先生"xiānsheng という言葉は男性に対する尊称です。

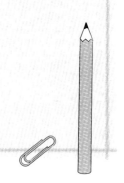

『弟子规』（ていしき）は李毓秀という人物によって作られ、1704年ごろに出版された。全文は1080字で、『三字経』と同様に3字1句の韻文になっている。現在は『弟子规』を中国の伝統文化を教えるための教材として使うところが多く、左は現代中国語版の『弟子规』である。

佐藤さんと田中さんが授業中に会話の練習をしています。

佐藤：我问，你回答，好吗？ 这是你的书吗？
　　　Wǒ wèn, nǐ huídá, hǎo ma? Zhè shì nǐ de shū ma?

田中：对，这是我的汉语书。
　　　Duì, zhè shì wǒ de Hànyǔ shū.

佐藤：这是你的词典吗？
　　　Zhè shì nǐ de cídiǎn ma?

田中：对，这是我的电子词典。现在我问。你是老师吗？
　　　Duì, zhè shì wǒ de diànzǐ cídiǎn. Xiànzài wǒ wèn. Nǐ shì lǎoshī ma?

佐藤：我不是老师。
　　　Wǒ bú shì lǎoshī.

田中：你是警察吗？
　　　Nǐ shì jǐngchá ma?

佐藤：我是学生，不是警察。
　　　Wǒ shì xuésheng, bú shì jǐngchá.

田中：你不是老师，不是警察，为什么问这么多问题？
　　　Nǐ bú shì lǎoshī, bú shì jǐngchá, wèi shénme wèn zhème duō wèntí?

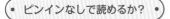
● ピンインなしで読めるか？ ●

❶ 你是老师吗？ —我不是老师。
❷ 你是警察吗？ —我是学生，不是警察。
❸ 你不是老师，不是警察，为什么问这么多问题？

● ピンインだけでわかるか？ ●

❶ Nǐ shì lǎoshī ma? —Wǒ bú shì lǎoshī.
❷ Nǐ shì jǐngchá ma? —Wǒ shì xuésheng, bú shì jǐngchá.
❸ Nǐ bú shì lǎoshī, bú shì jǐngchá, wèi shénme wèn zhème duō wèntí?

1 "吗" 疑問文

"吗"は文末に用いて疑問を表す。答えるときは①のようにフルに回答してもよいし、②のように簡単な答えでもよい。

❶ 你问问题吗？　　　　　　　Nǐ wèn wèntí ma?

　我问问题。/ 我不问问题。　Wǒ wèn wèntí. / Wǒ bú wèn wèntí.

❷ 你喜欢运动吗？　　　　　　Nǐ xǐhuan yùndòng ma?

　喜欢。/ 不喜欢。　　　　　Xǐhuan. / Bù xǐhuan.

ただし、"吗"は他の疑問詞、例えば、**"什么""为什么""哪儿""谁"**などを用いた疑問文には使えない。

2 指示代名詞

日本語の指示代名詞には、「これ、それ、あれ」のような三つの区別があるが、中国語は、**"这"**と**"那"**（nà それ）の二つしかない。名詞の前に使うとき、**"个"**のような量詞が必要である。

❶ 这是饺子，那是包子。　　　Zhè shì jiǎozi, nà shì bāozi.

　　　　　　　　　　　　　　✎ 包子 bāozi 名 中華まん

❷ 哪个学生喜欢漫画？　　　　Nǎge xuésheng xǐhuan mànhuà?

　　　　　　　　　　　　　　✎ 哪 nǎ 代 どの、どれ

"这么"（zhème こんなに）と**"那么"**（nàme そんなに）は程度や様態を表す。

❶ 你为什么问这么多问题？　Nǐ wèi shénme wèn zhème duō wèntí?
❷ 饺子那么好吃？ 我想尝尝。　Jiǎozi nàme hǎochī? Wǒ xiǎng chángchang.

単語腕試し

◆まだ習っていませんが、下の単語を発音し、意味も考えてみてください。

多语　　问答　　师生

下線部を他の言葉に置き換えて発音しましょう。

1. 你是 **警察** 吗？　　　　　　中国人；医生 (yīshēng 名 医者)

2. **这个** 问题很有意思。　　　　那个；你的

3. 哪个学生 **喜欢漫画**？　　　　喝咖啡；跳舞 (tiàowǔ 動 ダンスをする)

4. 饺子 **这么** 好吃吗？　　　　　那么；真的

Q1 すでに"学生"という単語を勉強しました。では、"大学生"はどういう意味でしょうか？

　　Ⓐ 大学の学生　　　Ⓑ 年配の学生

Q2 「この問題は誰が答えますか」という文の翻訳として正しいのはどちらでしょうか？

　　Ⓐ 这个问题谁回答？　　　Ⓑ 这个问题谁回答吗？

Q3 "你喜欢问问题吗？"と聞かれたら、あなたはどう答えるでしょうか？

　　Ⓐ 我非常喜欢问问题。　　　Ⓑ 不喜欢，因为问问题很难。

 衣贵洁，不贵华；上循分，下称家。
Yī guì jié, bú guì huá; Shàng xún fèn, xià chèn jiā.　　　『弟子規』より

服装は、清潔にすることが大事であり、派手さは大事ではありません。自分の身分にも、家族の経済状況にも合っている服装を着用すればよいでしょう。

Training 1 次のピンインを漢字に直し、さらに日本語に訳しましょう。

❶ Wǒ wèn, nǐ huídá, hǎo ma?

漢字 _____ 日本語 _____

❷ Zhè shì nǐ de cídiǎn ma?

漢字 _____ 日本語 _____

❸ Wèi shénme wèn nàme duō wèntí?

漢字 _____ 日本語 _____

Training 2 日本語を参考に、言葉を並べ替えましょう。

❶ これはあなたの本ですか？
［ 的　书　你　是　吗　这 ］

....

❷ それは私の電子辞書です。
［ 词典　的　电子　我　是　那 ］

....

❸ なぜそんなに多くの問題を聞くのですか？
［ 你　问　为什么　那么　多　问题 ］

....

Training 3 発音を聞いて正しい答えを選びましょう。　🔊 067

❶ 你的回答不对（　　　）。　　　（duì　huí）

❷ 日本人喜欢大自然（　　　）。　　（rén　rán）

❸ 这是我的数学书（　　　）。　　　（shù　shū）

Training 4 発音を聞いて正しい声調をつけなさい。 🔊 068

① 我现在不那么饿（e）。

② 我想买（mai）漫画书。

③ 你看（kan），这是我的词典。

④ 老师当然（dangran）喜欢问问题。

Training 5 ｊｑｘの発音に注意しながら、文を読みましょう。

① 不一样就很有意思。　Bù yíyàng jiù hěn yǒu yìsi.

② 星期一我吃饺子。　Xīngqīyī wǒ chī jiǎozi.

③ 你现在学习外语吗？　Nǐ xiànzài xuéxí wàiyǔ ma?

文への挑戦 🔊 069

　外国語を含めて、何を学ぶにしても、質問をたくさんすることがとても重要です。次は、中国の経典の『中庸』に見える言葉です。この言葉の意味を考えながら、声に出して読んでみましょう。

博学之，　审问之，　慎思之，　明辨之，　笃行之。
Bó xué zhī,　shěn wèn zhī,　shèn sī zhī,　míng biàn zhī, dǔ xíng zhī.

♣幅広く学び、詳しく質問し、慎重に考え、はっきりと見分け、誠実に行う。

东方中国语辞典
Dōngfāng Zhōngguóyǔ Cídiǎn

日中辞典
Rìzhōng Cídiǎn

现代汉语词典
Xiàndài Hànyǔ Cídiǎn

新华词典
Xīnhuá Cídiǎn

这是我买（買う）的汉语词典。
Zhè shì wǒ mǎi de Hànyǔ cídiǎn.

我去饭店吃饭

キーセンテンス

1 你现在去哪儿?
Nǐ xiànzài qù nǎr?

2 我去书店买书。
Wǒ qù shūdiàn mǎi shū.

3 你想买什么书?
Nǐ xiǎng mǎi shénme shū?

4 当然是外语书。
Dāngrán shì wàiyǔ shū.

5 因为我喜欢看外语书。
Yīnwèi wǒ xǐhuan kàn wàiyǔ shū.

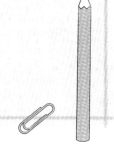

070　単語

1. 去 qù 　動 行く
2. 书店 shūdiàn 　名 書店
3. 买 mǎi 　動 買う
4. 当然 dāngrán 　副 当然
5. 看 kàn 　動 見る、読む

6. 饿 è 　形 お腹がすく
7. 饭店 fàndiàn 　名 レストラン
8. 吃 chī 　動 食べる
9. 饭 fàn 　名 ご飯、食事

台湾資本の「誠品書店」は、さまざまな場所に出店している。写真は江蘇省蘇州市にある「誠品書店」。

他の国と同じように、中国ではオンライン書店の発展がすさまじく、普通の書店の数は減る一方です。しかし、多くの人は依然として普通の書店に行きます。本の森を散歩し、ページを自由にめくり、コーヒーを飲みながら自由に読書する楽しみは、オンライン書店では味わうことができません。中国の書店では外国語の本もたくさん売られています。多くの親は外国語を勉強するのは早ければ早いほどよいと考えていて、子供のためにたくさんの外国語の本を買ってあげます。

田中さんが小林さんと一緒に話しています。

田中: 美月，你好！　你现在去哪儿？
Měiyuè, nǐ hǎo!　　　Nǐ xiànzài qù nǎr?

小林: 我去书店买书。
Wǒ qù shūdiàn mǎi shū.

田中: 你想买什么书？
Nǐ xiǎng mǎi shénme shū?

小林: 当然是外语书，因为我喜欢学习外语。你呢？
Dāngrán shì wàiyǔ shū,　yīnwèi wǒ xǐhuan xuéxí wàiyǔ.　　Nǐ ne?

田中: 我很饿，想去饭店吃饭。
Wǒ hěn è,　　xiǎng qù fàndiàn chī fàn.

小林: 你想吃什么饭？
Nǐ xiǎng chī shénme fàn?

田中: 当然是好吃的，因为我喜欢美食。
Dāngrán shì hǎochī de,　　yīnwèi wǒ xǐhuan měishí.

（・ ピンインなしで読めるか？ ・）

❶ 你想买什么书？
❷ 当然是外语书，因为我喜欢看外语书。你呢？
❸ 我很饿，想去饭店吃饭。

（・ ピンインだけでわかるか？ ・）

❶ Nǐ xiǎng mǎi shénme shū?
❷ Dāngrán shì wàiyǔ shū, yīnwèi wǒ xǐhuan kàn wàiyǔ shū.　Nǐ ne?
❸ Wǒ hěn è, xiǎng qù fàndiàn chī fàn.

1　連動文

連動文とは、二つ以上の動詞フレーズを直接つなげて形成されたものである。後の動詞フレーズが目的を表す場合が多いが、前の動詞フレーズが方法や手段を表す場合もある。

❶ 他去饭店吃饭。　　　　Tā qù fàndiàn chī fàn.

❷ 看漫画学习外语。　　　　Kàn mànhuà xuéxí wàiyǔ.

連動文の否定形は、**"不"** を最初の動詞の前に置く。

❸ 我不去饭店吃饭。　　　Wǒ bú qù fàndiàn chī fàn.

❹ 不骑自行车去书店。　　Bù qí zìxíngchē qù shūdiàn.

✎ 骑 qí 動 乗る

2　助動詞 "想"

中国語では、助動詞は動詞の前に置く。否定文では、否定副詞は助動詞の前に置く。

❶ 我想去书店看漫画。　　Wǒ xiǎng qù shūdiàn kàn mànhuà.

❷ 我想尝尝日本的饺子。　Wǒ xiǎng chángchang Rìběn de jiǎozi.

❸ 你也想喝水吗？　　　　Nǐ yě xiǎng hē shuǐ ma?

❹ 他不想问问题。　　　　Tā bù xiǎng wèn wèntí.

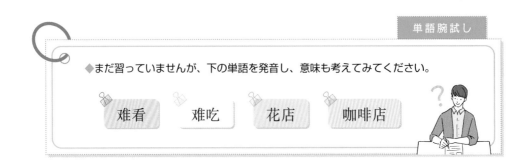

単語腕試し

◆まだ習っていませんが、下の単語を発音し、意味も考えてみてください。

难看　　难吃　　花店　　咖啡店

Drill 下線部を他の言葉に置き換えて発音しましょう。

1. 他去 **饭店吃饭**。　　　图书馆，看书
　　　　　　　　　　　　商店（shāngdiàn 名商店），买西瓜

2. **看漫画 学习外语**。　　看手机，学习汉语
　　　　　　　　　　　　骑自行车，去书店

3. 他不想 **问问题**。　　　跳舞
　　　　　　　　　　　　喝日本茶

Quiz and Photo

Q1　「先生に質問したくないです」という文の翻訳として正しいのはどちらでしょうか。

　　Ⓐ 不想问老师问题。　　　Ⓑ 想不问老师问题。

Q2　「レストランに食事に行きません」という文の翻訳として正しいのはどちらでしょうか。

　　Ⓐ 不去饭店吃饭。　　　Ⓑ 去饭店不吃饭。

Q3　"他是外语老师"という文の後に、どの言葉が続くのがふさわしいでしょうか。

　　Ⓐ 当然喜欢看漫画。　　　Ⓑ 当然喜欢说外语。

我想去饭店吃好吃的，因为我喜欢美食！
Wǒ xiǎng qù fàndiàn chī hǎochī de, yīnwèi wǒ xǐhuan měishí!

青椒肉丝 qīngjiāo ròusī

麻婆豆腐 mápó dòufu

北京烤鸭 Běijīng kǎoyā

龙井虾仁 Lóngjǐng xiārén

第7課

• トレーニング •

Training 1　次のピンインを漢字に直し、さらに日本語に訳しましょう。

❶ Wǒ qù shūdiàn mǎi shū.

漢字 _____　　日本語 _____

❷ Nǐ xiǎng mǎi shénme shū?

漢字 _____　　日本語 _____

❸ Yīnwèi wǒ xǐhuan měishí.

漢字 _____　　日本語 _____

Training 2　日本語を参考に、言葉を並べ替えましょう。

❶ 私はレストランに食事に行きたいです。
［ 想　我　饭店　去　吃饭 ］

....

❷ もちろん美味しいものです。
［ 是　当然　的　好吃 ］

....

❸ グルメが好きですから。
［ 因为　喜欢　我　美食 ］

....

Training 3　発音を聞いて正しい答えを選びましょう。　🔊 073

❶ 外语当然很难（　　　）。　　　　　（nán　rán）
❷ 我想看（　　　）汉语书。　　　　　（kàn　hàn）
❸ 美月想去外语（　　　）书店。　　（qù　yǔ）

66

Training 4 発音を聞いて正しい声調をつけなさい。 🔊 074

❶ 我现在去拿 (na)。

❷ 这是谁的照片 (zhaopian)？

❸ 可爱 (ke'ai) 的大自然。

❹ 我的老师非常有名 (youming)。

Training 5 ｇ ｋ ｈの発音に注意しながら、文を読みましょう。

❶ 我想去中国学习汉语。　Wǒ xiǎng qù Zhōngguó xuéxí Hànyǔ.

❷ 他喜欢看漫画书。　　　Tā xǐhuan kàn mànhuà shū.

❸ 饭店的饭当然好吃！　　Fàndiàn de fàn dāngrán hǎochī!

文 への挑戦 🔊 075

　読書について、中国語には次のような広く知られている言葉があります。この言葉の意味を考えながら、声に出して読んでみましょう。

书 到 用 时 方 恨 少。
Shū dào yòng shí fāng hèn shǎo.
♣知識を用いるときになってはじめて、自分の読書量の少なさを悔やむ。

食事のときよく使う言葉 🔊 076

1. 真香！　　　　Zhēn xiāng!　　　　　♣いい香り！

2. 太好吃了！　　Tài hǎochī le!　　　　♣とってもおいしい！

3. 有点儿辣。　　Yǒudiǎnr là.　　　　　♣少し辛いです。

4. 这个菜很甜。　Zhège cài hěn tián.　　♣この料理はとても甘い。

5. 味道很怪。　　Wèidào hěn guài.　　　♣変わった味がする。

6. 我吃饱了！　　Wǒ chībǎo le!　　　　♣お腹いっぱい。

7. 还想再吃。　　Hái xiǎng zài chī.　　　♣また食べたいです。

8. 今天我请客！　Jīntiān wǒ qǐngkè!　　♣今日は私がおごります。

第 8 課

是不是这本？

キーセンテンス

1 我想买这本书，书店有没有？
Wǒ xiǎng mǎi zhè běn shū, shūdiàn yǒu méiyǒu?

2 您买英语的，还是买日语的？
Nín mǎi Yīngyǔ de, háishi mǎi Rìyǔ de?

3 请您稍等，我现在去拿。
Qǐng nín shāo děng, wǒ xiànzài qù ná.

4 小王子这张照片太可爱了！
Xiǎo Wángzǐ zhè zhāng zhàopiàn tài kě'ài le!

5 您说得对，真的非常可爱！
Nín shuō de duì, zhēnde fēicháng kě'ài!

077 単語

1. 本 běn 量 册
2. 有名 yǒumíng 形 有名である
3. 您 nín 代 あなたの敬称
4. 稍 shāo 副 少々、ちょっと
5. 等 děng 動 待つ
6. 拿 ná 動 つかむ、取る
7. 小王子 Xiǎo Wángzǐ 星の王子さま
8. 张 zhāng 量 枚
9. 照片 zhàopiàn 名 写真
10. 可爱 kě'ài 形 可愛い
11. 说得对 shuō de duì おっしゃるとおり

豆知識

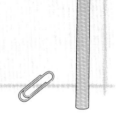

中国の神話や伝説を日本語で
紹介した本も多い。

　童話も寓話も神話も、子どもたちに愛されていて、その中には、慣用句になっているものもあります。例えば、「精衛海を埋める」（"精卫填海" Jīngwèi-tiánhǎi）という物語の精衛は、強い意志で屈しない気質の象徴となっています。また、「切り株の番をしてウサギを待つ」（"守株待兔" shǒuzhū-dàitù）は、現実的でない幻想を抱くという意味ですし、「剣を落として舟を刻む」（"刻舟求剑" kèzhōu-qiújiàn）は、融通が利かない人を揶揄する言葉です。「オオカミがきた」（"狼来了" láng lái le）、「醜いあひるの子」（"丑小鸭" chǒu xiǎo yā）、「裸の王様」（"皇帝的新装" huángdì de xīnzhuāng）、「星の王子さま」など、外国の童話もよく知られています。

美月さんは本屋で店員と話しています。

小林：
我想买这本书，The Little Prince，书店有没有？
Wǒ xiǎng mǎi zhè běn shū, The Little Prince,   shūdiàn yǒu méiyǒu?

店员：
这本书非常有名啊！ 您买英语的，还是买日语的？
Zhè běn shū fēicháng yǒumíng a!   Nín mǎi Yīngyǔ de,   háishi mǎi Rìyǔ de?

小林：
日语的我有，现在想买英语的。
Rìyǔ de wǒ yǒu,   xiànzài xiǎng mǎi Yīngyǔ de.

店员：
请您稍等，我现在去拿。 您看，是不是这本？
Qǐng nín shāo děng, wǒ xiànzài qù ná.   Nín kàn,   shì bu shì zhè běn?

小林：
对，对，是这本！ 小王子这张照片太可爱了！
Duì,   duì,   shì zhè běn!   Xiǎo Wángzǐ zhè zhāng zhàopiàn tài kě'ài le!

店员：
您说得对，真的非常可爱！
Nín shuō de duì,   zhēnde fēicháng kě'ài!

┌─ ・ ピンインなしで読めるか？ ・ ─┐

❶ 我想买这本书，书店有没有？
❷ 这本书非常有名啊！ 您买英语的，还是买日语的？

┌─ ・ ピンインだけでわかるか？ ・ ─┐

❶ Wǒ xiǎng mǎi zhè běn shū, shūdiàn yǒu méiyǒu?
❷ Zhè běn shū fēicháng yǒumíng a! Nín mǎi Yīngyǔ de, háishi mǎi Rìyǔ de?

第8課

1 疑問文 (2)

質問するとき、二つの選択肢を示し、聞き手に選んでもらうことができる。このとき、肯定形と否定形を並べたり、選択できる項目を**"还是"**で接続したりする。

❶ 你现在饿不饿？　　　　　　Nǐ xiànzài è bu è?

❷ 他是警察还是老师？　　　　Tā shì jǐngchá háishi lǎoshī?

❸ 您买英语的，还是买日语的？　Nín mǎi Yīngyǔ de, háishi mǎi Rìyǔ de?

2 **"小王子这张照片"** と **"《小王子》这本书"**

"小王子这张照片" は「星の王子さまを写したこの写真」という意味で、**"他那个手机"** は「彼のその携帯」という意味である。一方**"《小王子》这本书"** では、前後二つの部分が同じ対象を指しており、「『星の王子さま』という本」という意味である。同様に、**"我这个人"** は「私という人」という意味である。

3 量詞

名詞が表す事物の数量を示すとき、数詞の後に量詞を用いる。量詞の中で一番よく使うのは**"个"**である。

❶ 一本书 yì běn shū　　　　　❸ 三张照片　　sān zhāng zhàopiàn

❷ 两个人 liǎng ge rén　　　　 ❹ 四辆自行车　sì liàng zìxíngchē

　✎ 两 liǎng 数 二つ　　　　　　　✎ 辆 liàng 量 車両の台数を数える

数詞の前に、さらに指示代詞をつけることができる。例えば、**"这两张照片"** **"那三个人"**。また、数詞が**"一"** の場合、**"这本书"** のように**"一"** を省略することができる。また、**"两张"** **"这本"** のように名詞を省略することもできる。

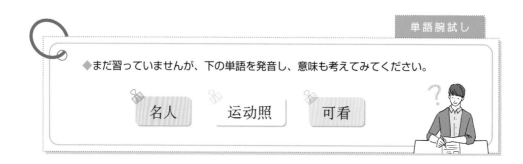

単語腕試し

◆まだ習っていませんが、下の単語を発音し、意味も考えてみてください。

🎁 名人　　🎁 运动照　　🎁 可看

Drill 下線部を他の言葉に置き換えて発音しましょう。

1. **汉语** 难不难？　　　　　　游泳 (yóuyǒng 名 水泳)；考试 (kǎoshì 名 試験)

2. 你 **喝不喝 茶**？　　　　　问，问题；听，音乐

3. 他是 **学生** 还是 **老师**？　警察，医生；中国人，日本人

4. 她 **这两张照片** 很 **可爱**。　这本书，有名；这个问题，难

第 8 課

Q1　中国語では、"一本书""一本词典"と言うことができます。では、"一本电子词典"は正しい言い方でしょうか？

　　Ⓐ はい。　　　Ⓑ いいえ。

Q2　中国語では、"一本书""一张照片"と言うことができます。では、"纸"(zhǐ 紙)を数えるときは、どう言えばよいでしょうか？

　　Ⓐ 一本纸　　　Ⓑ 一张纸

Q3　"他是谁?"と"他是老师还是警察?"は異なる質問の方法ですが、どちらが答えやすいでしょうか？

　　Ⓐ "他是谁?"のほうが答えやすいです。
　　Ⓑ "他是老师还是警察?"のほうが答えやすいです。

 你喜欢哪张照片？
Nǐ xǐhuan nǎ zhāng zhàopiàn?

漂亮 (きれい) 的花儿
piàoliang de huār

安静 (安静) 的小区 (住宅街)
ānjìng de xiǎoqū

可爱的苹果
kě'ài de píngguǒ

Training 1　次の漢字をピンインに直しましょう。

❶ 请您稍等。 ....

❷ 可爱的照片 ....

❸《小王子》很有名。 ....

Training 2　次のピンインを漢字に直し、さらに日本語に訳しましょう。

❶ Zhè běn shū shūdiàn yǒu méiyǒu?

漢字		日本語	

❷ Nín mǎi Yīngyǔ de, háishi Rìyǔ de?

漢字		日本語	

❸ Zhè zhāng zhàopiàn tài kě'ài le!

漢字		日本語	

Training 3　日本語を参考に、言葉を並べ替えましょう。

❶ 彼は中国語の先生ですか？
　［ 汉语　他　是　老师　不是 ］

❷ この本は面白いですか？
　［ 书　这　本　吗　有意思 ］

❸ あなたは先生ですか？それとも警察官ですか？
　［ 老师　您　是　警察　还是 ］

Training 4 　　次の文を発音してみましょう。

❶ 这张照片太可爱了！

❷ 请您稍等，我现在去拿。

❸ 您说得对，真的非常可爱！

Training 5 　　次の質問に中国語で答えましょう。

❶ 你现在饿不饿？

＿＿＿＿＿＿＿＿＿＿＿＿＿＿＿＿＿＿＿＿＿

❷ 你是老师还是学生？

＿＿＿＿＿＿＿＿＿＿＿＿＿＿＿＿＿＿＿＿＿

❸ 《小王子》这本书有意思吗？

＿＿＿＿＿＿＿＿＿＿＿＿＿＿＿＿＿＿＿＿＿

文への挑戦　　🔊 080

　『星の王子さま』と聞くと、下のような有名なセリフを思い浮かべる人が多いでしょう。この言葉の意味を考えながら、声に出して読んでみましょう。

重要的东西，用眼睛是看不见的。
Zhòngyào de dōngxi, yòng yǎnjing shì kàn bu jiàn de.
♣ 大切なものは目では見えません。

《小王子》这本书非常有名，你有没有？
《Xiǎo Wángzǐ》 zhè běn shū fēicháng yǒumíng, nǐ yǒu méiyǒu?

一共几杯？

キーセンテンス

1 请问，现在点菜吗？
Qǐngwèn, xiànzài diǎn cài ma?

2 一份意大利面多少钱？
Yí fèn Yìdàlìmiàn duōshao qián?

3 我要一份意大利面。
Wǒ yào yí fèn Yìdàlìmiàn.

4 一共几杯？
Yígòng jǐ bēi?

5 明白了！请您稍等！
Míngbai le! Qǐng nín shāo děng!

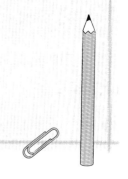

🔊 081 ⤜ 単語

1. 请问 qǐngwèn 　動 お尋ねいたします
2. 点 diǎn 　動 注文する
3. 菜 cài 　名 料理、おかず
4. 要 yào 　動 頼む、注文する
5. 份 fèn 　量 組や揃いになったものを数える
6. 意大利面 Yìdàlìmiàn 　名 パスタ
7. 果汁 guǒzhī 　名 ジュース

8. 杯 bēi 　名 コップ
9. 红茶 hóngchá 　名 紅茶
10. 一共 yígòng 　副 全部で、合計で
11. 几 jǐ 　代 いくつ
12. 明白 míngbai 　動 わかる
13. 了 le 　助 変化を表す

左から中国の米酒、白酒、白酒、红酒、啤酒。

中国人は麺が好きで、麺の種類も豊富です。これらは皆 "〜面" と呼ばれていて、例えば、"担担面" dàndanmiàn（担々麺）、"牛肉面" niúròumiàn（牛肉麺）、"炒面" chǎomiàn（焼きそば）などがあります。日本人がよく食べるラーメン、焼きそば、うどん、さらにパスタも、すべて麺だと中国人は考えています。「酒」の場合もこれと似ていて、"啤酒" píjiǔ（ビール）、"红酒" hóngjiǔ（ワイン）、"白酒" báijiǔ（蒸留酒の総称）、"米酒" mǐjiǔ（お米で作った酒）などは、中国人から見ればすべて "酒" です。漢字は概念を表現するだけでなく、一つのカテゴリーにまとめる働きをしています。

田中さんがレストランで注文しています。

店员：**您好！ 请问，现在点菜吗？**
Nín hǎo!　　Qǐngwèn,　xiànzài diǎn cài ma?

田中：**对。要一份意大利面。**
Duì.　Yào yí fèn Yìdàlìmiàn.

店员：**您喝什么？ 茶，果汁，还是咖啡？**
Nín hē shénme?　　Chá,　guǒzhī,　　háishi kāfēi?

田中：**要一杯……红茶，一杯……咖啡。**
Yào yì bēi ⋯⋯ hóngchá,　　yì bēi ⋯⋯ kāfēi.

店员：**一共几杯？**
Yígòng jǐ bēi?

田中：**两杯。**
Liǎng bēi.

店员：**明白了！**
Míngbai le!

一份意大利面，一杯红茶，一杯咖啡。 请您稍等！
Yí fèn Yìdàlìmiàn,　　yì bēi hóngchá,　yì bēi kāfēi.　　Qǐng nín shāo děng!

第9課

(• ピンインなしで読めるか？ •)

❶ 您好！请问，现在点菜吗？ —对。要一份意大利面。

❷ 您喝什么？茶，果汁，还是咖啡？ —要一杯红茶，一杯咖啡。

❸ 一共几杯？ —两杯。

❹ 明白了！请您稍等。

(• ピンインだけでわかるか？ •)

❶ Nín hǎo! Qǐngwèn, xiànzài diǎn cài ma? —Duì. Yào yí fèn Yìdàlìmiàn.

❷ Nín hē shénme? Chá, guǒzhī, háishì kāfēi? —Yào yì bēi hóngchá, yì bēi kāfēi.

❸ Yígòng jǐ bēi? —Liǎng bēi.

❹ Míngbai le! Qǐng nín shāo děng!

1 疑問詞 "几" と "多少"

"几" と "多少" はいずれも数が不明のときに用いるが、前者は普通 10 未満の数を尋ねるのに対し、後者は大きい数にも小さい数にも使う。

❶ 你有几本汉语书？　　　Nǐ yǒu jǐ běn Hànyǔ shū?
❷ 您要几杯咖啡？　　　　Nín yào jǐ bēi kāfēi?
❸ 一共多少张照片？　　　Yígòng duōshao zhāng zhàopiàn?
❹ 一份意大利面多少钱？　Yí fèn Yìdàlìmiàn duōshao qián?

✎ 钱 qián 名 お金

"多少" の後ろの量詞は省略でき、"多少照片""多少学生" などのように言える。"多少钱" は慣用表現となっている。一方、"几" は量詞を省略できない。

2 文末の語気助詞 "了"

"了" は文末に置き、状況に変化が生じたことや新しい状況が発生したことを示す。

❶ 现在人多了。　　　　　Xiànzài rén duō le.
❷ 我饿了。　　　　　　　Wǒ è le.
❸ 田中想吃饺子了。　　　Tiánzhōng xiǎng chī jiǎozi le.
❹ 我明白了，谢谢你！　　Wǒ míngbai le, xièxie nǐ!

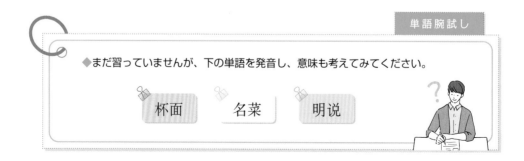

単語腕試し

◆まだ習っていませんが、下の単語を発音し、意味も考えてみてください。

杯面　　名菜　　明说

Drill **下線部を他の言葉に置き換えて発音しましょう。**

1. 你有几 **本 汉语书**？   张，照片
    辆，自行车

2. **一份意大利面** 多少钱？   一杯咖啡
    一本词典

3. 我想 **吃饺子** 了。   听音乐
    骑自行车

第 9 課

Quiz and Photo

Q1 "点菜"は料理を注文するという意味です。では、「何を注文したいですか」という文の翻訳として正しいのはどちらでしょうか？

    Ⓐ 你想点什么菜?   Ⓑ 你想什么点菜?

Q2 レストランで食事をしていて、お腹がいっぱいになりました。このとき、どう言ったらよいでしょうか？

    Ⓐ 我很饱。   Ⓑ 我饱了。（饱 bǎo 形 お腹がいっぱいである）

Q3 「北京の人口はどれくらいですか」と中国の友達に聞きたいのですが、どう言ったらいいでしょうか？

    Ⓐ 北京有几个人?   Ⓑ 北京有多少人? （北京 Běijīng 名 北京）

一杯咖啡，一杯果汁，一杯绿茶 (緑茶)，一杯牛奶 (ミルク)，一共几杯？
Yì bēi kāfēi, yì bēi guǒzhī, yì bēi lùchá, yì bēi niúnǎi, yígòng jǐ bēi?

Training 1 次の漢字をピンインに直しましょう。

❶ 请问　............................

❷ 一共几杯?　............................

❸ 明白了。　............................

Training 2 次のピンインを漢字に直し、さらに日本語に訳しましょう。

❶ Xiànzài diǎn cài ma?

漢字　..................　日本語　..................

❷ Wǒ yào yí fèn Yìdàlìmiàn.

漢字　..................　日本語　..................

❸ Wǒ xiǎng hē hóngchá le.

漢字　..................　日本語　..................

Training 3 次の日本語を中国語に訳しましょう。

❶ 1人前のパスタ　..................

❷ 1杯のイタリアのコーヒー　..................

❸ 2冊の漫画の本　..................

❹ 4つのギョーザ　..................

Training 4 日本語を参考に、言葉を並べ替えましょう。

❶ あなたは何冊の外国語の本を持っていますか?
［ 你　本　有　外语书　几 ］

....

❷ 全部で何枚の写真ですか?
［ 照片　张　多少　一共 ］

....

78

❸ 今は人が多くなりました。

［ 了 現在 多 人 ］

....

| *Training* **5** | 次の質問に中国語で答えましょう。 |

❶ 田中要几份意大利面？

....

❷ 田中要几杯红茶？

....

❸ 你有多少本历史书？

....

❹ 很饿，想吃饭了，你呢？

....

🔍 **文への挑戦** 🔊 084

日常生活の中の必需品について、中国には次のような言葉があります。この言葉の意味を考えながら、声に出して読んでみましょう。

开门七件事，柴米油盐酱醋茶。
Kāi mén qī jiàn shì,　chái mǐ yóu yán jiàng cù chá.
♣生活に不可欠な7つの物、たきぎ、米、油、塩、醤油、酢、茶。

12点（時）了，我想吃饭了。
Shí'èr diǎn le, wǒ xiǎng chī fàn le.

春天（春）来（来る）了，樱花开了。
Chūntiān lái le, yīnghuā kāi le.

第 **10** 課

汉语怎么说？

キーセンテンス

1 这句话日语怎么说？
Zhè jù huà Rìyǔ zěnme shuō?

2 你怎么不知道？
Nǐ zěnme bù zhīdào?

3 爱看《海贼王》的人很多。
Ài kàn «Hǎizéiwáng» de rén hěn duō.

4 我们已经是朋友了。
Wǒmen yǐjīng shì péngyou le.

5 你的日语说得很好！
Nǐ de Rìyǔ shuō de hěn hǎo!

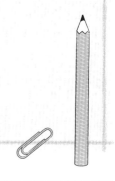

🔊 085 ≫ **单語**

1. 在 zài ［介］（ある場所）で、に ［動］存在する
2. 怎么 zěnme ［代］どのように、どうして
3. 爱 ài ［動］愛する、好き
4. 位 wèi ［量］敬意を込めて人を数える
5. 朋友 péngyou ［名］友達
6. 里 lǐ ［名］〜の中
7. 最 zuì ［副］最も、一番

8. 句 jù ［量］言葉や文を数える
9. 话 huà ［名］言葉、言語
10. 们 men ［接尾］〜たち、〜ら
11. 已经 yǐjīng ［副］すでに、もう
12. 得 de ［助］動詞や形容詞の後ろに置き、その結果や程度を表す言葉を導く

豆知識

世界最大の中国語オンライン書店 **"当当网图书"** の 2019 年の法律分野と文学分野の 2 冊のベストセラー。

現代中国語には、**"单品"**（dānpǐn 単品）**"人气"**（rénqì 人気）など、日本語からの借用語がたくさんあります。その中には、**"新干线"**（Xīngànxiàn 新幹線）**"寿司"**（shòusī 寿司）など、日本社会特有のものを表す単語や、**"电话"**（diànhuà 電話）**"科学"**（kēxué 科学）など、外国の概念を訳す際に作られた単語もあります。更に興味深いのは **"经济"**（jīngjì 経済）**"博士"**（bóshì 博士）で、これらは中国語にももともとあり、「経済」は「経世済民、世の中をよく治めて人々を苦しみから救うこと」という意味で、「博士」は官職の名前でした。日本の学者がこれらを「economy」や「doctor」の翻訳に使ったため、それが借用され、現代中国語の **"经济"** や **"博士"** の普段使われる意味になりました。漢字が日中文化交流の架け橋の役割を果たしたと言えます。

田中さんが自分が好きな漫画を紹介しています。

田中: 老师，ONE PEACE 汉语怎么说？
Lǎoshī,　ONE PEACE　Hànyǔ zěnme shuō?

老师: 汉语是《海贼王》。
Hànyǔ shì　《Hǎizéiwáng》.

田中: 在日本，爱看《海贼王》的人很多，我也很喜欢。
Zài Rìběn,　ài kàn 《Hǎizéiwáng》 de rén hěn duō,　wǒ yě hěn xǐhuan.

佐藤: 我爸爸有一位中国朋友，他也爱看《海贼王》。
Wǒ bàba yǒu yí wèi Zhōngguó péngyou,　tā yě ài kàn 《Hǎizéiwáng》.

田中: 《海贼王》里，我最喜欢的一句话是
《Hǎizéiwáng》 li,　wǒ zuì xǐhuan de yí jù huà shì

"おれ達もう仲間だろ"。
"おれ達もう仲間だろ".

老师: 这句话汉语怎么说，你们知道吗？
Zhè jù huà Hànyǔ zěnme shuō,　nǐmen zhīdao ma?

小林: 我知道！汉语是"我们已经是朋友了"。
Wǒ zhīdao!　Hànyǔ shì　"Wǒmen yǐjīng shì péngyou le".

田中: 美月，你的汉语说得很好！
Měiyuè,　nǐ de Hànyǔ shuō de hěn hǎo!

● ポイント ● 🔊 087

1 疑問詞 "怎么"

"怎么" は、方法や理由について尋ねるために使用される。

❶ "かわいいですね" 汉语怎么说？　 "かわいいですね" Hànyǔ zěnme shuō?

❷ 大家都知道，你怎么不知道？　 Dàjiā dōu zhīdao, nǐ zěnme bù zhīdào?

✏ 都 dōu 副 すべて、みな

2 様態補語

動作の様子や状態を表す場合は、「動詞 + **得** + 形容詞」の形で表現する。

❶ 您说得对，真的非常可爱！　 Nín shuō de duì, zhēnde fēicháng kě'ài!

❷ 这个问题他回答得很好！　 Zhège wèntí tā huídá de hěn hǎo!

❸ 今天的菜点得不好。　 Jīntiān de cài diǎn de bù hǎo.

3 助詞 "的" (2)

"的" を使っても使わなくてもよい場合がある。例えば、**"大公园 / 大的公园" "我妈妈 / 我的妈妈"** はどちらも言える。その一方で、一般的に使われる、あるいは使わなければならない場合もある。

A. 二音節の形容詞の後には、通常 "的" を使う。例えば、"可爱的漫画"、"好吃的水饺子"。

B. 形容詞の前に副詞がある場合、後ろに必ず "的" を用いる。例えば、"很大的书店" "很好的红茶"。
ただし、"很多" は例外である。例えば、"很多人" "很多问题"。

C. 動詞が名詞を修飾するときは必ず "的" を用いる。例えば、"看《海贼王》的人" "最喜欢的一句话"。ただし、慣用句なら "的" を使わない、例えば、"放松运动"（リラックス運動）"学习词典"。

4 複数を表す "们"

"们" は、人を表す単語の後ろにしかつけることができない。例えば、**"他们" "朋友们"** のように使う。しかし童話にはこのような制限がなく、**"动物们"**、**"书们" "饺子们"** のようにも言える。
複数を示す語があれば、さらに **"们"** は使いません（*三个朋友们）。

単語腕試し

◆まだ習っていませんが、下の単語を発音し、意味も考えてみてください。

说话　　友人　　已知　　名句

Drill　下線部を他の言葉に置き換えて発音しましょう。

1. "**果汁**"日语怎么说？　　说得对
　　　　　　　　　　　　　出租车（chūzūchē 名 タクシー）

2. 他们 **说** 得 **很好**。　　跳，非常好
　　　　　　　　　　　　骑，快（kuài 形 速い）

3. 这是 **很好的红茶**。　　很有意思的问题
　　　　　　　　　　　　很可爱的东西（dōngxi 名 もの）

4. **问问题的人** 很多。　　喝日本茶的学生
　　　　　　　　　　　　爱看《海贼王》的人

Q1　「私はたくさんの本を買いました」という文の翻訳として正しいのはどちらでしょうか？

　　Ⓐ 我买了很多书。　　Ⓑ 我买了很多书们。

Q2　「彼は英語を話すのが上手です」という文の翻訳として正しいのはどちらでしょうか？

　　Ⓐ 他说英语很好。　　Ⓑ 他英语说得很好。

Q3　「これは私の大好きなものです」という文の翻訳として正しいのはどちらでしょうか？

　　Ⓐ 这是我的最喜欢东西。　　Ⓑ 这是我最喜欢的东西。

有朋自远方来，不亦乐乎？
Yǒu péng zì yuǎn fāng lái, bú yì lè hū?

友人が遠くから訪ねてきてくれた、
なんと楽しいことではないか。

我最喜欢的一句话
wǒ zuì xǐhuan de yí jù huà

学习跳舞的孩子（子供）
xuéxí tiàowǔ de háizi

Training 1 次の漢字をピンインに直しましょう。

❶ 汉语怎么说？

❷ 一位朋友

❸ 日语说得很好。

Training 2 次のピンインを漢字に直し、さらに日本語に訳しましょう。

❶ Zhè jù huà Rìyǔ zěnme shuō?

漢字 _____ 日本語 _____

❷ Nǐ de Rìyǔ shuō de hěn hǎo!

漢字 _____ 日本語 _____

❸ Wǒ zuì xǐhuan de yí jù huà shì "wǒmen yǐjīng shì péngyou le".

漢字 _____ 日本語 _____

Training 3 日本語を参考に、言葉を並べ替えましょう。

❶ この質問に彼は上手に答えました。
［ 问题　回答　这个　他　很好　得 ］

❷ "照片"は日本語で何と言いますか？
［ 怎么　"照片"　日语　说 ］

❸ あなたが一番好きな言葉は何ですか？
［ 你　是　最喜欢的　什么　一句话 ］

Training 4 次の文の下線部で"的"を必要とするものはどれですか？

❶ 我想买一本外语＿＿书。

❷ 这是非常好吃＿＿意大利面。

❸ 爱喝红茶＿＿人很多。

Training 5 次の質問に中国語で答えましょう。

❶ "友達"汉语怎么说？

....

❷ 你最喜欢的一句话是什么？

....

❸ 你有爱看《海贼王》的朋友吗？

....

❹ 美月英语说得很好，你呢？

....

文 への挑戦 🔊 088

理想的な人間について、中国語には次のような言葉があります。この言葉の意味を考えながら、声に出して読んでみましょう。

四海之内皆兄弟。 ♣世界中の人々はすべて兄弟のように親しくし、愛し合うべきである。
Sì hǎi zhī nèi jiē xiōngdì.

这张照片照 (撮影する) **得好吗?**
Zhè zhāng zhàopiàn zhào de hǎo ma?

我家有四口人

1 我家有四口人。
Wǒ jiā yǒu sì kǒu rén.

2 我家旁边有一个公园。
Wǒ jiā pángbiān yǒu yí ge gōngyuán.

3 我常常去那儿散步。
Wǒ chángcháng qù nàr sànbù.

4 哥哥会说一点儿外语。
Gēge huì shuō yìdiǎnr wàiyǔ.

5 但是没有我说得好。
Dànshì méiyou wǒ shuō de hǎo.

🔊 089　**単語**

1. 家 jiā 　名 家
2. 口 kǒu 　量 人数、特に家族の人数を数える
3. 哥哥 gēge 　名 お兄さん、兄
4. 旁边 pángbiān 　名 そば、隣
5. 漂亮 piàoliang 　形 美しい、きれいである
6. 公园 gōngyuán 　名 公園
7. 常常 chángcháng 　副 常に、よく

8. 那儿 nàr 　代 あそこ、そこ
9. 散步 sànbù 　動 散歩する
10. 地方 dìfang 　名 場所、ところ
11. 会 huì 　助動 できる
12. 一点儿 yìdiǎnr 　数量 少し
13. 但是 dànshì 　接 しかし、けれども

　中国の大きな公園や景勝地には、山の上や水辺に建てられたあずまや、建物や山の上に書かれた書画など、歴史や文化を感じさせてくれるものがたくさんあります。例えば、杭州の西湖はもともと景観の美しさで知られていますが、歴史的に多くの文化的なものが残されているため、世界遺産としての正式名称は「杭州西湖の文化的景観」です。近年新しく作られた公園は娯楽やレジャーの機能を重視しており、スポーツ公園、ウォーターパークなどに人気があります。

杭州西湖の有名な集賢亭
(Jíxiántíng)

小林さんが自分の家族の紹介をしています。

小林：我家有四口人，爸爸、妈妈、哥哥和我。
　　　Wǒ jiā yǒu sì kǒu rén, 　　　bàba、　　mā ma、　　gēge hé wǒ.

　　　我家旁边有一个漂亮的公园，我常常去那儿散步。
　　　Wǒ jiā pángbiān yǒu yí ge piàoliang de gōngyuán, 　wǒ chángcháng qù nàr sànbù.

佐藤：家旁边有公园，真好！公园是运动的好地方。
　　　Jiā pángbiān yǒu gōngyuán, zhēn hǎo! 　　Gōngyuán shì yùndòng de hǎo dìfang.

小林：你说得对，公园是运动的好地方。
　　　Nǐ shuō de duì, 　　gōngyuán shì yùndòng de hǎo dìfang.

田中：你家谁外语说得最好？
　　　Nǐ jiā shéi wàiyǔ shuō de zuì hǎo?

小林：爸爸妈妈不会说，哥哥会说一点儿，
　　　Bàba māma bú huì shuō, 　　　gēge huì shuō yìdiǎnr,

　　　但是没有我说得好。
　　　dànshì méiyou wǒ shuō de hǎo.

• ピンインなしで読めるか？ •

❶ 家旁边有公园，真好！公园是运动的好地方。

❷ 你说得对，公园是运动的好地方。

❸ 你家谁外语说得最好？

❹ 爸爸妈妈不会说，哥哥会说一点儿，但是没有我说得好。

• ピンインだけでわかるか？ •

❶ Jiā pángbiān yǒu gōngyuán, zhēn hǎo! Gōngyuán shì yùndòng de hǎo dìfang.

❷ Nǐ shuō de duì, gōngyuán shì yùndòng de hǎo dìfang.

❸ Nǐ jiā shéi wàiyǔ shuō de zuì hǎo?

❹ Bàba māma bú huì shuō, gēge huì shuō yìdiǎnr, dànshì méiyou wǒ shuō de hǎo.

1 助動詞 "会"(1)

"会"は動詞の前に置いて、学習や訓練を経て、技能を習得した結果「～できるようになった」という意味を表す。文脈がはっきりしていれば、後の動詞は省略することができる。

❶ 我会打篮球。　　　　　　Wǒ huì dǎ lánqiú.　　✎ 打 dǎ 動(手を使う球技を)する

❷ 请问，谁会说汉语？　　　Qǐngwèn, shéi huì shuō Hànyǔ?

❸ 哥哥会说外语，我不会。　Gēge huì shuō wàiyǔ, wǒ bú huì.

2 存在を表す "有"

「場所＋有＋人や物」で、あるところに何かがあることを表す。場所名詞はそれ自身で場所を表すことができるが、その他の一般名詞、例えば "词典、书" などは、後に場所を示す "里" や "上"(shàng 名 上) をつけなければならない。

❶ 我家有四口人。　　　　　Wǒ jiā yǒu sì kǒu rén.

❷ 旁边有一个公园。　　　　Pángbiān yǒu yí ge gōngyuán.

❸ 词典上有一张照片。　　　Cídiǎn shang yǒu yì zhāng zhàopiàn.

❹ 书店里有很多人。　　　　Shūdiàn li yǒu hěn duō rén.

3 比較の否定を表す "没有"

"没有" は比較のために使うことができる。後には形容詞や形容詞を含む動詞フレーズ(例えば "说得好") を用いる。

❶ 日本没有中国大。　　　　Rìběn méiyou Zhōngguó dà.

❷ 包子没有饺子好吃。　　　Bāozi méiyou jiǎozi hǎochī.

❸ 哥哥没有我说得好。　　　Gēge méiyou wǒ shuō de hǎo.

比較文の肯定形は、第13課で学習する。

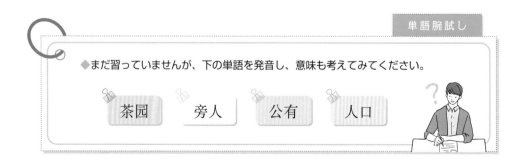

単語腕試し

◆まだ習っていませんが、下の単語を発音し、意味も考えてみてください。

茶园　　旁人　　公有　　人口

Drill 　下線部を他の言葉に置き換えて発音しましょう。

1. 我会 **打篮球**。 　　　　　说汉语；骑自行车
2. 我家有 **四口人**。 　　　　三口人；很多漫画书
3. **旁边** 有 **一个公园**。 　外边（wàibian 图外），很多学生；书店里，词典
4. 哥哥没有我 **说得好**。 　　骑得快；吃得多

Q1 文化背景によっては、家族構成について、「私の家には4人います。父、母、私と犬です。」などのように言うことがあります。中国人もそうでしょうか？

　　Ⓐ はい、そうです。　　Ⓑ いいえ、違います。

Q2 公園に散歩に行きたいですが、どう言えばよいでしょうか？

　　Ⓐ 散步去公园。　　Ⓑ 去公园散步。

Q3 中国の友達と食事に行く前に、友達に日本料理を食べられるかどうか尋ねるとしたら、どう言えばよいでしょうか？

　　Ⓐ 你会吃日本菜吗？　　Ⓑ 你吃日本菜吗？

我家旁边有一个运动公园。
Wǒ jiā pángbiā yǒu yí ge yùndòng gōngyuán.

你会打篮球吗？
Nǐ huì dǎ lánqiú ma?

Training 1 次の漢字をピンインに直しましょう。

1 去那儿散步？ ....

2 运动的好地方 ....

3 没有我说得好。 ....

Training 2 次のピンインを漢字に直し、さらに日本語に訳しましょう。

1 Wǒ jiā yǒu sì kǒu rén.

漢字 .... 日本語 ....

2 Pángbiān yǒu yí ge gōngyuán.

漢字 .... 日本語 ....

3 Gēge huì shuō yìdiǎnr wàiyǔ.

漢字 .... 日本語 ....

Training 3 日本語を参考に、言葉を並べ替えましょう。

1 私はテニスができます。
［ 会　我　网球　打 ］

2 父は中国語が話せません。
［ 不　爸爸　汉语　说　会 ］

3 辞書の上に写真が2枚あります。
［ 照片　词典　上　有　两张 ］

Training 4 次の文を読みましょう。

1 公园不大，但是非常漂亮。

2 我常常去那儿散步。

3 公园里有很多人。

4 哥哥没有我说得好。

Training 5 次の質問に中国語で答えましょう。

1 请问，谁会说汉语？

_____

2 你家有几口人？

_____

3 你家旁边有公园吗？

_____

🔍 文への挑戦 　🔊 092

　家について、中国語には次のような言葉があります。この言葉の意味を考えながら、声に出して読んでみましょう。

金窝银窝，不如自己的狗窝。
Jīn wō yín wō, bùrú zìjǐ de gǒu wō.

♣ 金の巣も銀の巣も、自分の草の巣には及ばない（どこへ行こうとわが家にまさるところはない）。

北京有名的文化公园颐和园 (颐和園：いわえん)
Běijīng yǒumíng de wénhuà gōngyuán Yíhéyuán

这次能赢吗?

1 最近，怎么说呢，我很忙。
Zuìjìn, zěnme shuō ne, wǒ hěn máng.

2 明天要去朋友家。
Míngtiān yào qù péngyou jiā.

3 上次的比赛你们没有赢吧?
Shàng cì de bǐsài nǐmen méiyou yíng ba?

4 这次能赢吗?
Zhè cì néng yíng ma?

5 这次我们一定要赢!
Zhè cì wǒmen yídìng yào yíng!

🔊 093　単語

1. 最近 zuìjìn 名 最近
2. 忙 máng 形 忙しい、動 急いでする、忙しく働く
3. 明天 míngtiān 名 明日
4. 要 yào 助動 〜するつもりだ、〜したい
5. 后天 hòutiān 名 明後日
6. 比赛 bǐsài 名 試合
7. 远 yuǎn 形 遠い

8. 火车站 huǒchēzhàn 名 駅
9. 上 shàng 名 (順序が) 前の
10. 次 cì 量 回、度
11. 赢 yíng 動 勝つ
12. 吧 ba 助 文末に置き、提案や推測の語気を表す
13. 能 néng 助動 〜できる、〜があり得る
14. 一定 yídìng 副 必ず、絶対に

豆知識

中国最大規模の運動会は、"**全国运动会**" Quánguó Yùndònghuì、略称 "**全运会**" Quányùnhuì です。世界最大規模のスポーツ大会は、"**奥林匹克运动会**" Àolínpǐkè Yùndònghuì (オリンピック)、略して "**奥运会**" Àoyùnhuì です。スポーツの大会で競技をする人を "**运动员**" yùndòngyuán といいます。彼らの多くはプロで、ハイレベルです。普通の人が運動をするのは、単に体を鍛えるためであったり、娯楽のためですので、レベルはそれほど高くありません。

左、河南省平頂山市のある住宅区に常設されている公式規画の卓球台。住民が随時利用できます。

佐藤さんが週末の予定を話しています。

佐藤： 最近，怎么说呢，我很忙，非常忙。
Zuìjìn,　　zěnme shuō ne,　　wǒ hěn máng,　fēicháng máng.

小林： 忙什么呢？
Máng shénme ne?

佐藤： 明天要去朋友家，后天有篮球比赛。
Míngtiān yào qù péngyou jiā,　hòutiān yǒu lánqiú bǐsài.

小林： 朋友家在哪儿？ 远不远？
Péngyou jiā zài nǎr?　　Yuǎn bu yuǎn?

佐藤： 在火车站旁边，不远。
Zài huǒchēzhàn pángbiān,　bù yuǎn.

田中： 上次的比赛你们没有赢吧？ 这次能赢吗？
Shàng cì de bǐsài nǐmen méiyou yíng ba?　　Zhè cì néng yíng ma?

佐藤： 这次我们一定要赢！
Zhè cì wǒmen yídìng yào yíng!

(ピンインなしで読めるか？)

❶ 朋友家在哪儿？ 远不远？
❷ 在火车站旁边，不远。
❸ 上次的比赛你们没有赢吧？ 这次能赢吗？
❹ 这次我们一定要赢！

(ピンインだけでわかるか？)

❶ Péngyou jiā zài nǎr?　Yuǎn bu yuǎn?
❷ Zài huǒchēzhàn pángbiān, bù yuǎn.
❸ Shàng cì de bǐsài nǐmen méiyou yíng ba?　Zhè cì néng yíng ma?
❹ Zhè cì wǒmen yídìng yào yíng!

1 　助動詞 "要"

動詞の前に置き、計画や希望を表す。

❶ 明天我要去朋友家。　　Míngtiān wǒ yào qù péngyou jiā.
❷ 现在我要去公园散步。　Xiànzài wǒ yào qù gōngyuán sànbù.
❸ 这次比赛我们一定要赢。Zhè cì bǐsài wǒmen yídìng yào yíng.

"要" は多義語で、第 9 課の**"要一份意大利面"**の中の**"要"**は動詞である。

2 　助動詞 "能"

能力があってできる、あるいはある条件のもとで可能性があることを表す。

❶ 这次比赛你们能赢吗？　Zhè cì bǐsài nǐmen néng yíng ma?
❷ 明天有比赛，不能学习。Míngtiān yǒu bǐsài, bù néng xuéxí.

3 　助詞 "吧"

文末に置き、相談・提案の気持ちを表したり、疑問文を作ることで推測への確認を求めたりする。

❶ 我们吃饺子吧。　　　　Wǒmen chī jiǎozi ba.
❷ 要一杯红茶吧。　　　　Yào yì bēi hóngchá ba.
❸ 学习外语很难吧？　　　Xuéxí wàiyǔ hěn nán ba?
❹ 上次你们没有赢吧？　　Shàng cì nǐmen méiyou yíng ba?

単語腕試し

◆まだ習っていませんが、下の単語を発音し、意味も考えてみてください。

最爱　　大赛　　远近　　能人

第**12**課

Drill 下線部を他の言葉に置き換えて発音しましょう。

1. 我要去 公园 散步。 外边，骑自行车
   那儿，跳舞

2. 明天有 比赛，不能 学习。 考试，看漫画
   课 (kè 名授業)，打篮球

3. 我们 吃饺子 吧。 点菜
   去火车站

4. 学习外语很难 吧。 咖啡很好喝
   这句话很有意思

Q1 「時間に余裕があり、散歩できる」と言う場合、どちらの文がよいでしょうか？

   Ⓐ 我会散步。 Ⓑ 我能散步。

Q2 "我要学习外语"中の"要"の意味と似ているのは、どちらの文の"要"でしょうか？

   Ⓐ 我要去吃饭。 Ⓑ 我要一份饺子。

Q3 自分の推測が正しいか判断を求める場合、どのように言えばよいでしょうか？

   Ⓐ 学习数学很难吗？ Ⓑ 学习数学很难吧？

这次一定要赢！
Zhè cì yídìng yào yíng!

后天要去这个公园。
Hòutiān yào qù zhège gōngyuán.

Training 1 次の漢字をピンインに直しましょう。

❶ 忙什么呢? ....

❷ 篮球比赛 ....

❸ 在火车站旁边 ....

Training 2 次のピンインを漢字に直し、さらに日本語に訳しましょう。

❶ Míngtiān wǒ yào qù péngyou jiā.

漢字 .... 日本語 ....

❷ Zhè cì néng yíng ma?

漢字 .... 日本語 ....

❸ Shàng cì de bǐsài nǐmen méiyou yíng ba?

漢字 .... 日本語 ....

Training 3 日本語を参考に、言葉を並べ替えましょう。

❶ 明日私は先生の家に行きます。
　　［ 老师　家　去　要　我　明天 ］

....

❷ 今度こそ私たちが絶対に勝ちます。
　　［ 要　这次　赢　我们　一定 ］

....

❸ あなたは散歩に行けますか？
　　［ 去　你　能　吗　散步 ］

....

❹ あなたたちはこの前は勝てませんでしたね。
　　［ 赢　上次　没有　你们　吧 ］

....

Training 4 次の文を読みましょう。

1 后天我有篮球比赛。

2 朋友家在哪儿？ 远不远？

3 在火车站旁边，不远。

Training 5 次の質問に中国語で答えましょう。

1 你最近忙吗？

2 现在你能去散步吗？

3 明天你要去哪儿？

4 学习汉语很有意思吧？

文 への挑戦 🔊 096

勝負について、中国語には次のような言葉があります。この言葉の意味を考えながら、声に出して読んでみましょう。

胜败乃兵家常事。

Shèngbài nǎi bīngjiā cháng shì. ♣勝敗は兵家の常。

| 这个公园很漂亮，我们明天去这儿散步吧！

Zhège gōngyuán hěn piàoliang, wǒmen míngtiān qù zhèr sànbù ba!

比上次好！

1 让我看看。
Ràng wǒ kànkan.

2 这次你们打得怎么样？
Zhè cì nǐmen dǎ de zěnmeyàng?

3 打得很好，比上次好。
Dǎ de hěn hǎo, bǐ shàng cì hǎo.

4 比赛结果呢？你们赢了吗？
Bǐsài jiéguǒ ne? Nǐmen yíng le ma?

5 上次我们没有赢，这次他们没有输。
Shàng cì wǒmen méiyou yíng, zhè cì tāmen méiyou shū.

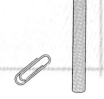

🔊 097 **単語**

1. 穿 chuān 動 着る、履く
2. 红 hóng 形 赤い
3. 衣服 yīfu 名 衣服、着物
4. 蓝 lán 形 青い
5. 让 ràng 動 ～させる
6. 笑 xiào 動 笑う
7. 开心 kāixīn 形 楽しい

8. 时候 shíhou 名 時、時間
9. 怎么样 zěnmeyàng 代 どうですか、いかがですか
10. 比 bǐ 介 ～より、～に比べて
11. 结果 jiéguǒ 名 結果、結末
12. 嘛 ma 助 聞き手の注意を促す助詞
13. 输 shū 動 負ける

 豆知識

中国では赤が縁起の良い色とされています。伝統的には、結婚するとき、新婦は赤いドレスを着ます。装飾用の切り紙や中国結びから、祝日に掲げる提灯、春節に門に貼る春聯、お祝いのときにお金を入れるポーチまで、すべて赤色です。"红" からなる言葉は、"红人" hóngrén（人気者）"红事" hóngshì（祝い事）"红利" hónglì（配当金）などのように、「成功している」「売れている」「利潤」などのめでたい意味を持っています。

左、北京大学の西側の校門には、祝日になると、赤い提灯が掲げられる。
右、「中国歴史文化名街」の蘇州平江路では、赤い提灯が装飾に使われている。

第 **13** 課

佐藤がクラスメートと携帯でバスケットボールの試合の写真を見ています。

佐藤： 穿红衣服的是我们，上次我们穿的是蓝衣服。
Chuān hóng yīfu de shì wǒmen, 　　shàng cì wǒmen chuān de shì lán yīfu.

小林： 让我看看。衣服真漂亮！你笑得很开心啊！
Ràng wǒ kànkan. 　Yīfu zhēn piàoliang! 　Nǐ xiào de hěn kāixīn a!

佐藤： 当然了，运动的时候我最开心！
Dāngrán le, 　　yùndòng de shíhou wǒ zuì kāixīn!

小林： 这次你们打得怎么样？
Zhè cì nǐmen dǎ de zěnmeyàng?

佐藤： 打得很好，比上次好！
Dǎ de hěn hǎo, 　　bǐ shàng cì hǎo!

田中： 比赛结果呢？你们赢了吗？
Bǐsài jiéguǒ ne? 　　Nǐmen yíng le ma?

佐藤： 结果嘛，上次我们没有赢，这次他们没有输。
Jiéguǒ ma, 　　shàng cì wǒmen méiyou yíng, 　zhè cì tāmen méiyou shū.

（・ ピンインなしで読めるか？ ・）

❶ 让我看看。衣服真漂亮！你笑得很开心啊！
❷ 当然了，运动的时候我最开心！
❸ 这次你们打得怎么样？
❹ 打得很好，比上次好！

（・ ピンインだけでわかるか？ ・）

❶ Ràng wǒ kànkan. Yīfu zhēn piàoliang! Nǐ xiào de hěn kāixīn a!
❷ Dāngrán le, yùndòng de shíhou wǒ zuì kāixīn!
❸ Zhè cì nǐmen dǎ de zěnmeyàng?
❹ Dǎ de hěn hǎo, bǐ shàng cì hǎo!

1　アスペクト助詞 "了"

動詞・形容詞の後に置き、動作や状態の実現・完了を表し、その否定形は「**没 (有)** ＋ 動詞」である。

❶ 美月买了一本《小王子》。　　Měiyuè mǎile yì běn «Xiǎo Wángzǐ».

❷ 我吃了饺子，没吃意大利面。　Wǒ chīle jiǎozi, méi chī Yìdàlì miàn.

❸ 上次没有赢，这次赢了。　　Shàng cì méiyou yíng, zhè cì yíng le.

❹ 家里多了一个人。　　　　　Jiā li duōle yí ge rén.

2　比較に用いる "比"

ＡとＢを比較する際に用いる **"比"** は、「～と比べて、～より」という意味を表す。比較した結果の差量は、形容詞の後ろに置く。

❶ 这件衣服比那件漂亮。　　　Zhè jiàn yīfu bǐ nà jiàn piàoliang.

　　　✎ 件 jiàn 量 衣服などを数える

❷ 外语比历史难一点儿。　　　Wàiyǔ bǐ lìshǐ nán yìdiǎnr.

❸ 今天比昨天忙多了。　　　　Jīntiān bǐ zuótiān máng duō le.

　　　✎ 昨天 zuótiān 名 昨日

否定形は第 11 課で学んだ「A **没有** B」がある。

❹ 哥哥没有美月说得好。　　　Gēge méiyou Měiyuè shuō de hǎo.

3　請求・使役を表す "让"

❶ 饺子很好吃？让我尝尝。　　Jiǎozi hěn hǎochī? Ràng wǒ chángchang.

❷ 让我看看你的照片，好吗？　Ràng wǒ kànkan nǐ de zhàopiàn, hǎo ma?

❸ 爸爸让我去公园儿散步。　　Bàba ràng wǒ qù gōngyuánr sànbù.

❹ 妈妈不让我穿红衣服。　　　Māma bú ràng wǒ chuān hóng yīfu.

単語腕試し

◆まだ習っていませんが、下の単語を発音し、意味も考えてみてください。

輸赢　　运动服　　笑话　　蓝天

Drill　下線部を他の言葉に置き換えて発音しましょう。

1. 上次没有 **赢**，这次 **赢** 了。　　　　输；说
2. **这件衣服** 比 **那件** 漂亮。　　　　这张漫画，那张；这个公园，那个
3. **今天** 比 **昨天** 忙多了。　　　　爸爸，哥哥；医生，警察
4. 妈妈不让我 **穿红衣服**。　　　　去远的地方；喝很多果汁

第13課

Q1　友達の新しい電子辞書を見てみたいですが、中国語でどう言えばよいでしょうか？

　　Ⓐ 我要看你的电子词典。　　Ⓑ 让我看看你的电子词典。

Q2　友達が二つの文を書きました。どちらが正しいでしょうか？

　　Ⓐ 买了书，没买词典。　　Ⓑ 去了火车站，没去了商店。

Q3　「先生は学生よりずっと忙しい」と言いたいですが、どう言えばよいでしょうか？

　　Ⓐ 老师比学生多了忙。　　Ⓑ 老师比学生忙多了。

今天的照片比上次的漂亮多了。
Jīntiān de zhàopiàn bǐ shàng cì de piàoliang duō le.

101

Training 1 次の漢字をピンインに直しましょう。

① 笑得很开心 ....

② 结果怎么样? ....

③ 穿蓝衣服的 ....

Training 2 次のピンインを漢字に直し、さらに日本語に訳しましょう。

① Ràng wǒ kànkan.

漢字 .... 日本語 ....

② Dǎ de hěn hǎo, bǐ shàng cì hǎo.

漢字 .... 日本語 ....

③ Bǐsài jiéguǒ ne? Nǐmen yíng le ma?

漢字 .... 日本語 ....

Training 3 日本語を参考に、言葉を並べ替えましょう。

① 私は彼より少し上手です。
〔 好　我　他　一点儿　比 〕

....

② 昨日辞書を 1 冊買いました。
〔 买　昨天　词典　了　一本 〕

....

③ 先生は私たちに中国語の本を読ませます。
〔 老师　让　汉语书　我们　看 〕

....

Training 4 次の文を中国語に訳しましょう。

① 今回は前回よりいいです。

❷ あなた達は勝ちましたか？

....

❸ 味見させてください。

....

Training 5　次の質問に中国語で答えましょう。

❶ 昨天你学习数学了吗？

....

❷ 外语你说得怎么样？

....

❸ 让我看看你的漫画书，好吗？

....

❹ 你什么时候最开心？

....

文 への挑戦　🔊 100

　お腹の底から笑うと、心も体も元気になります。笑いについて、中国語には次のような言葉があります。この言葉の意味を考えながら、声に出して読んでみましょう。

笑一笑，十年少。　♣笑えば10歳若返る。
Xiào yí xiào, shí nián shào.

我去了这个地方，没去图书馆。
Wǒ qùle zhège dìfang, méi qù túshūguǎn.

第 **14** 課

开个玩笑！

キーセンテンス

1 如果有时间，你想研究什么？
Rúguǒ yǒu shíjiān, nǐ xiǎng yánjiū shénme?

2 孩子学习外语为什么那么快？
Háizi xuéxí wàiyǔ wèi shénme nàme kuài?

3 怎么变成有钱人？
Zěnme biànchéng yǒuqiánrén?

4 如果世界上没有美食，会怎么样？
Rúguǒ shìjiè shang méiyǒu měishí, huì zěnmeyàng?

5 这是我感兴趣的问题。
Zhè shì wǒ gǎn xìngqù de wèntí.

🔊 101

単語

1. 时间 shíjiān 名 時間
2. 研究 yánjiū 動 研究する
3. 孩子 háizi 名 子供
4. 运动员 yùndòngyuán 名 スポーツ選手
5. 受 shòu 動 受ける、受け取る
6. 欢迎 huānyíng 動 歓迎する

7. 感 gǎn 動 感じる、思う
8. 兴趣 xìngqù 名 興味、関心
9. 变成 biànchéng 動 〜に変わる、〜に変える
10. 开玩笑 kāi wánxiào 冗談を言う、ちゃかす
11. 世界 shìjiè 名 世界

豆知識

　中国では儒学の影響が根強く残っています。孔子によると、勉強の目的は自分を磨き、道徳的に高尚な人間になることです。そのためには、周囲の人から学ぶこと（**"三人行，必有我师"** Sān rén xíng, bì yǒu wǒ shī, 3 人で連れ立って行けば、必ず自分の師を見つけることができる）、深く自分を反省すること（**"吾日三省吾身"** wú rì sān xǐng wú shēn, 1 日に 3 回我が身を振り返る、毎日何度も反省する）などを心がけなければなりません。もちろん、現代の教育思想も重視されていて、多くの教師が生徒の学習意欲を引き出し、チームワークを育成することを目標に、アクティブ・ラーニング、タスクベース・ラーニングなどに取り組んでいます。

チームワーク訓練をする中国の高校生

3人が各自の研究したいテーマについて話し合っています。

老师： 如果有时间，也有钱，你想研究什么？
Rúguǒ yǒu shíjiān,　　yě yǒu qián,　　nǐ xiǎng yánjiū shénme?

小林： 我想研究的问题是：孩子学习外语为什么那么快？
Wǒ xiǎng yánjiū de wèntí shì:　　háizi xuéxí wàiyǔ wèi shénme nàme kuài?

佐藤： 运动员为什么那么受欢迎？这是我感兴趣的问题。
Yùndòngyuán wèi shénme nàme shòu huānyíng? Zhè shì wǒ gǎn xìngqù de wèntí.

田中： 我想研究"怎么变成有钱人？"。
Wǒ xiǎng yánjiū "zěnme biànchéng yǒuqiánrén?".

老师： 有意思！
Yǒu yìsi!

田中： 开个玩笑！ 我想研究的问题是：如果世界上没有
Kāi ge wánxiào!　　Wǒ xiǎng yánjiū de wèntí shì:　　rúguǒ shìjiè shang méiyǒu

美食，会怎么样？
měishí,　　huì zěnmeyàng?

（ ・ピンインなしで読めるか？ ・ ）

❶ 如果有时间，也有钱，你想研究什么？
❷ 我想研究"怎么变成有钱人？"。
❸ 有意思！
❹ 开个玩笑！我想研究的问题是：如果世界上没有美食，会怎么样？

（ ・ピンインだけでわかるか？ ・ ）

❶ Rúguǒ yǒu shíjiān, yě yǒu qián, nǐ xiǎng yánjiū shénme?
❷ Wǒ xiǎng yánjiū "zěnme biànchéng yǒuqiánrén?".
❸ Yǒu yìsi!
❹ Kāi ge wánxiào! Wǒ xiǎng yánjiū de wèntí shì: rúguǒ shìjiè shang méiyǒu měishí,
huì zěnmeyàng?

1　助動詞 "会"(2)

"会" には、「～できる」という意味のほかに、「～する可能性がある、～するはずである」という意味もある。

❶ 这次比赛他们一定会赢。 Zhè cì bǐsài tāmen yídìng huì yíng.

❷ 明天不会很忙。 Míngtiān bú huì hěn máng.

❸ 你明天会去图书馆吗？ Nǐ míngtiān huì qù túshūguǎn ma?

❹ 没有老师，我也会学习。 Méiyǒu lǎoshī, wǒ yě huì xuéxí.

❺ 不吃饭当然会很饿。 Bù chī fàn dāngrán huì hěn è.

2　疑問詞 "怎么样"

"怎么样" は主に状況を尋ねたり、意見を求めたりする。

❶ 这次你们打得怎么样？ Zhè cì nǐmen dǎ de zěnmeyàng?

❷ 你汉语说得怎么样？ Nǐ Hànyǔ shuō de zěnmeyàng?

❸ 这辆自行车怎么样？ Zhè liàng zìxíngchē zěnmeyàng?

❹ 现在去公园散步，怎么样？ Xiànzài qù gōngyuán sànbù, zěnmeyàng?

❺ 如果没有饭店，会怎么样？ Rúguǒ méiyǒu fàndiàn, huì zěnmeyàng?

単語腕試し

◆まだ習っていませんが、下の単語を発音し、意味も考えてみてください。

研究生　　感受　　趣人　　趣话

Drill 下線部を他の言葉に置き換えて発音しましょう。

1. 这次比赛他们一定会<u>赢</u>。 输
   　　　　　　　　　　　　很受欢迎

2. 明天不会**很忙**。 变成有钱人
   　　　　　　　　　下雨 (xià yǔ 雨が降る)

3. 他怎么**没来**? 不喜欢孩子
   　　　　　　　不感兴趣

4. 现在**去公园散步**，怎么样? 听听音乐
   　　　　　　　　　　　去踢足球 (tī zúqiú サッカーをする)

Q1 明日雨が降るかどうか知りたいとき、どう質問したらよいでしょうか?

　　Ⓐ 明天会下雨吗?　　Ⓑ 明天能下雨吗?

Q2 悠真は授業に来ませんでした。どうして来なかったのか尋ねるとき、どう言えばよいでしょうか?

　　Ⓐ 悠真怎么样?　　Ⓑ 悠真怎么没来?　（来 lái 動来る）

Q3 将来あなたは何をしたいですか?

　　Ⓐ 变成孩子，学很多外语。　　Ⓑ 变成有钱人，去很多地方。

一起去散步，怎么样?
Yìqǐ qù sànbù, zěnmeyàng?

今天一定不会下雨。
Jīntiān yídìng bú huì xià yǔ.

Training 1　次の漢字をピンインに直しましょう。

❶ 受欢迎　　　………………………………………………………

❷ 感兴趣　　　………………………………………………………

❸ 开个玩笑　　………………………………………………………

Training 2　次のピンインを漢字に直し、さらに日本語に訳しましょう。

❶ Háizi xuéxí wàiyǔ wèi shénme nàme kuài?

漢字 　　　　　　　　　　　　　　　　　　日本語

❷ Rúguǒ shìjiè shàng méiyǒu měishí, huì zěnmeyàng?

漢字 　　　　　　　　　　　　　　　　　　日本語

❸ Zěnme biànchéng yǒuqiánrén?

漢字 　　　　　　　　　　　　　　　　　　日本語

Training 3　日本語を参考に、言葉を並べ替えましょう。

❶ 今回の試合で彼らは必ず勝ちます。
　［ 比赛　这次　他们　赢　一定　会 ］

　………………………………………………………………………

❷ 明日は雨が降りますか？
　［ 下雨　明天　吗　会 ］

　………………………………………………………………………

❸ あなたの友達は最近どうですか？
　［ 你　最近　的　怎么样　朋友们 ］

　………………………………………………………………………

Training 4　次の文を読みましょう。

❶ 如果有时间，也有钱，你想研究什么？

2 用学习日语的方法学习汉语，会怎么样？

3 孩子学习外语为什么那么快？

Training **5**　次の問題に中国語で答えましょう。

1 你喜欢开玩笑吗？

2 你想变成有钱人吗？

3 你想研究什么问题？

4 什么外语最受欢迎？

🔍 **文** への挑戦　　　　　　　　　　　　　🔊 104

　作家の東野圭吾さんは中国でも有名で、多くの人が彼の次の言葉が好きです。この言葉の意味を考えながら、声に出して読んでみましょう。

好奇心是成长的最大动力，对好奇心不理不睬，是一种犯罪。
Hàoqíxīn shì chéngzhǎng de zuì dà dònglì, duì hàoqíxīn bùlǐ-bùcǎi, shì yì zhǒng fànzuì.
♣好奇心を放置しておくことは罪悪だ。人間が成長する最大のエネルギー源が好奇心だからな。

A　不吃饭当然会很饿。请吃吧！
　Bù chī fàn dāngrán huì hěn è. Qǐng chī ba!

A　开个玩笑！请吃这个！
　Kāi ge wánxiào! Qǐng chī zhège!

B　这不是真的东西，不能吃！
　Zhè bú shì zhēn de dōngxi, bù néng chī!

B　真好吃，谢谢你！
　Zhēn hǎochī, xièxie nǐ!

＊数字は初出の課数を表します。
＊発音編の単語は含まれておりません。
＊フレーズや慣用句には品詞名を明示しておりません。

A

| ā | 啊 | 助 感嘆の語気を表す | 5 |
| ài | 爱 | 動 愛する、好き | 10 |

B

ba	吧	助 文末に置き、提案や推測の語気を表す	12
bāozi	包子	名 中華まん	6
bǎo	饱	形 お腹がいっぱいである	9
bēi	杯	名 コップ	9
Běijīng	北京	名 北京	9
běn	本	量 冊	8
bǐ	比	介 ～より、～に比べて	13
bǐsài	比赛	名 試合	12
biànchéng	变成	動 ～に変わる、～に変える	14
bù	不	副 否定を表わす	3
búguò	不过	接 しかし	4

C

cài	菜	名 料理、おかず	9
chá	茶	名 お茶	1
cháng	尝	動 味わう、味見する	5
chángcháng	常常	副 常に、よく	11
chī	吃	動 食べる	7
chuān	穿	動 着る、履く	13
chūzūchē	出租车	名 タクシー	10
cídiǎn	词典	名 辞書	6
cì	次	量 回、度	12

D

dǎ	打	動 (手を使う球技を)する	11
dàjiā	大家	代 皆、皆さん	1
dàzìrán	大自然	名 大自然	1
dànshì	但是	接 しかし、けれども	11

dāngrán	当然	副 当然	7
de	得	助 動詞や形容詞の後ろに置き、その結果や程度を表す言葉を導く	10
de	的	助 ～の	5
děng	等	動 待つ	8
dìfang	地方	名 場所、ところ	11
diǎn	点	動 注文する	9
diànnǎo	电脑	名 パソコン	5
diànzǐ	电子	名 電子	6
dōngxi	东西	名 もの	10
dōu	都	副 すべて、みな	10
duì	对	形 正しい、合っている	6
duō	多	形 多い、たくさん	1
duōshao	多少	代 いくつ、どのくらい	9

E

| è | 饿 | 形 お腹がすく | 7 |

F

fàn	饭	名 ご飯、料理	7
fàndiàn	饭店	名 レストラン	7
fàngsōng	放松	動 緩める、リラックスする	3
fēicháng	非常	副 非常に	5
fèn	份	量 組みや揃いになったものを数える	9

G

gǎn	感	動 感じる、思う	14
gēge	哥哥	名 お兄さん、兄	11
ge	个	量 人や物を数える	4
gōngyuán	公园	名 公園	11
guānzhào	关照	動 世話をする、面倒を見る	1
guǒzhī	果汁	名 ジュース	9

H

háizi	孩子	名子供	14
Hànyǔ	汉语	名漢民族の言語、(広く)中国語	6
hǎochī	好吃	形口当たりがよい、美味しい	5
hē	喝	動飲む	1
~hé~yíyàng	~和~一样	~は~と同じ	4
hěn	很	副とても	1
hóng	红	形赤い	13
hóngchá	红茶	名紅茶	9
hòutiān	后天	名明後日	12
huà	话	名言葉、言語	10
huānyíng	欢迎	動歓迎する	14
huār	花儿	名花	1
huídá	回答	動回答する	6
huì	会	助動できる	11
huǒchēzhàn	火车站	名駅	12

J

jīdàn	鸡蛋	名卵	2
jǐ	几	代いくつ	9
jiā	家	名家	11
jiàn	件	量衣服などを数える	13
jiǎozi	饺子	名ギョーザ	5
jiéguǒ	结果	名結果、結末	13
jīntiān	今天	名今日	1
jǐngchá	警察	名警察、警察官	6
jù	句	量言葉や文を数える	10

K

kāfēi	咖啡	名コーヒー	4
kāi wánxiào	开玩笑	冗談を言う、ちゃかす	14
kāixīn	开心	形楽しい	13
kàn	看	動見る、読む	7
kǎoshì	考试	名試験、テスト	8
kě'ài	可爱	形可愛い	8
kè	课	名授業	12
kǒu	口	量人数、特に家族の人数を数える	11
kuài	快	形速い	10

L

lái	来	動来る	14
lán	蓝	形青い	13
lánqiú	篮球	名バスケットボール	3
lǎoshī	老师	名先生	5
le	了	助変化を表す	9
lǐ	里	名~の中	10
lìshǐ	历史	名歴史	3
liǎng	两	数二つ	8
liàng	辆	量車両の台数を数える	8

M

ma	嘛	助聞き手の注意を促す助詞	13
mǎi	买	動買う	7
mànhuà	漫画	名漫画	1
máng	忙	形忙しい、動急いです る、忙しく働く	12
měishí	美食	名美食、グルメ	2
men	们	接尾(複数を表す)~たち、~ら	10
mǐfàn	米饭	名ライス	1
miàntiáo	面条	名麺類	5
míngbai	明白	動わかる	9
míngtiān	明天	名明日	12

N

ná	拿	動つかむ、取る	8
nǎ	哪	代どの、どれ	6
nàme	那么	代そんなに、あんなに	6
nán	难	形難しい	3
nǎr	哪儿	代どこ	2
nàr	那儿	代あそこ、そこ	11
ne	呢	助省略疑問文に用いる	2
néng	能	助動~できる、~があり得る	12
nín	您	代あなたの敬称	8

P				
pángbiān	旁边	名 そば、隣	11
péngyou	朋友	名 友達	10
piàoliang	漂亮	形 美しい、きれいである	11

Q				
qí	骑	動 乗る	7
qián	钱	名 お金	9
qǐng	请	動 どうぞ	1
qǐngwèn	请问	動 お尋ねいたします	9
qù	去	動 行く	7

R				
ràng	让	動 ～させる	13
Rìyǔ	日语	名 日本語	4
róngyì	容易	形 易しい	3
rúguǒ～jiù～	如果～就～	もしも～なら～	4

S				
sànbù	散步	動 散歩する	11
shāngdiàn	商店	名 商店	7
shàng	上	名 上	11
shàng	上	名 (順序が)前の	12
shāo	稍	副 少々、ちょっと	8
shéi	谁	代 だれ	2
shénme	什么	代 なに	2
shíhou	时候	名 時、時間	13
shíjiān	时间	名 時間	14
shìjiè	世界	名 世界	14
shǒujī	手机	名 携帯	3
shòu	受	動 受ける、受け取る	14
shū	书	名 本、書籍	6
shū	输	動 負ける	13
shūdiàn	书店	名 書店	7
shùxué	数学	名 数学	3
shuǐ	水	名 水	5
shuō	说	動 話す	2
shuō de duì	说得对	おっしゃるとおり	8

T				
tā	她	代 彼女	4
tā	他	代 彼	5
tài～le	太～了	非常に、とても	3
tī zúqiú	踢足球	サッカーをする	14
tiàowǔ	跳舞	動 ダンスをする	6
tīng	听	動 聞く	3
túshūguǎn	图书馆	名 図書館	5

W				
wàibian	外边	名 外	11
wàiyǔ	外语	名 外国語	2
wǎngqiú	网球	名 テニス	4
wèi	位	量 敬意を込めて人を数える	10
wèi shénme	为什么	なぜ、どうして	4
wèn	问	動 問う、質問する	4
wèntí	问题	名 問題	4

X				
xià yǔ	下雨	雨が降る	14
xiànzài	现在	名 現在、今	6
xiǎng	想	助動 ～したい	5
Xiǎo Wángzǐ	小王子	星の王子さま	8
xiào	笑	動 笑う	13
xīguā	西瓜	名 すいか	2
xǐhuan	喜欢	動 好き	1
xìngqù	兴趣	名 興味、関心	14
xuésheng	学生	名 学生	1
xuéxí	学习	動 学習する、勉強する	2

Y				
yánjiū	研究	動 研究する	14
yào	要	動 頼む、注文する	9
yào	要	助動 ～するつもりだ、～したい	12
yě	也	副 ～も	2
yīfu	衣服	名 衣服、着物	13
yīshēng	医生	名 医者	6
yídìng	一定	副 必ず、絶対に	12

yígòng	一共	副 全部で、合計で	9
yǐjīng	已经	副 すでに、もう	10
Yìdàlìmiàn	意大利面	名 パスタ	9
yìdiǎnr	一点儿	数量 少し	11
yīnwèi	因为	接 ～だから、～のために	4
yīnyuè	音乐	名 音楽	3
Yīngyǔ	英语	名 英語	2
yíng	赢	動 勝つ	12
yóuyǒng	游泳	名 水泳	8
yǒumíng	有名	形 有名である	8
yǒu yìsi	有意思	面白い	3
yǒuyòng	有用	形 役に立つ	3
yuǎn	远	形 遠い	12
yùndòng	运动	名 スポーツ	2
yùndòngyuán	运动员	名 スポーツ選手	14

Z

zài	在	介 (ある場所)で、に	
		動 存在する	10
zěnme	怎么	代 どのように、どうして	10
zěnmeyàng	怎么样	代 どうですか、	
		いかがですか	13
zhāng	张	量 枚	8
zhàopiàn	照片	名 写真	8
zhè	这	代 これ	2
zhème	这么	代 こんなに	6
zhēn	真	形 真実である、	
		本当である	5
zhēnde	真的	副 確かに、ほんとに	4
zhīdao	知道	動 知る、知っている	3
zhǐ	纸	名 紙	8
Zhōngguó	中国	名 中国	5
zìxíngchē	自行车	名 自転車	3
zuì	最	副 最も、一番	10
zuìjìn	最近	名 最近	12
zuótiān	昨天	名 昨日	13

＊写真などを説明するときに出てくる単語

Ālābóyǔ	阿拉伯语	名	アラビア語	4	yéye	爷爷	名 おじいさん、祖父	1
ānjìng	安静	形	安静	8	Yìdàlìyǔ	意大利语	名 イタリア語	4
Běijīng kǎoyā	北京烤鸭	名	ペキンダック	7	Yíhéyuán	颐和园	名 頤和園（いわえん）	11
bōluó	菠萝	名	パイナップル	2	yīnghuā	樱花	名 桜	9
cǎoméi	草莓	名	いちご	2	yǒudiǎnr	有点儿	副 少し	7
chūntiān	春天	名	春	9	zhào	照	動 撮影する	10
Déyǔ	德语	名	ドイツ語	4				
dìdi	弟弟	名	弟	1				
diǎn	点	名	時	9				
Fǎyǔ	法语	名	フランス語	4				
gēr	歌儿	名	歌	5				
guài	怪	形	怪しい	7				
hái	还	副	また、さらに	7				
Hánguóyǔ	韩国语	名	韓国語	4				
huà	画	名	絵	1				
jiějie	姐姐	名	お姉さん、姉	1				
júzi	桔子	名	みかん	2				
là	辣	形	辛い	7				
Lóngjǐng xiārén	龙井虾仁	名	ロンジンシアレン	7				
lùchá	绿茶	名	緑茶	9				
mápó dòufu	麻婆豆腐	名	マーボー豆腐	7				
mèimei	妹妹	名	妹	1				
nǎinai	奶奶	名	おばあさん、祖母	1				
niúnǎi	牛奶	名	ミルク	9				
píngguǒ	苹果	名	りんご	2				
pútao	葡萄	名	ぶどう	2				
qīngjiāo ròusī	青椒肉丝	名	チンジャオロース	7				
qǐngkè	请客	動	おごる	7				
shuǐguǒ	水果	名	果物	2				
tián	甜	形	甘い	7				
wèidào	味道	名	味	7				
xiāng	香	形	香り	7				
xiāngjiāo	香蕉	名	バナナ	2				
xiǎoháir	小孩儿	名	子供	1				
xiǎoqū	小区	名	住宅地	8				
Xībānyáyǔ	西班牙语	名	スペイン語	4				

監修

相原 茂 あいはら しげる

　　中国語コミュニケーション協会代表

著者

劉頌浩 りゅうしょうこう

　　北京大学中文系卒業、香港浸会大学英文系博士号を取得、
　　元北京大学教授、現在山梨学院大学教授

町田 茂 まちだ しげる

　　山梨大学准教授

表紙デザイン　　大下 賢一郎
本文デザイン　　小熊 未央
イラスト　　　　張佳声
写真　　　　　　迎客松

音声吹込　　　　毛興華
　　　　　　　　王英輝
　　　　　　　　劉セイラ

表紙写真：iStock.com

未来をひらく入門中国語

検印
省略
　　　　　　　　　　© 2022 年 1 月 31 日　初版　発行

監　修　　　　　　　　　　　　　　　　相原 茂
著　者　　　　　　　　　　　　　　　　劉頌浩
　　　　　　　　　　　　　　　　　　　町田 茂

発行者　　　　　　　　　　　　　　　　原　雅久
発行所　　　　　　　株式会社 朝 日 出 版 社
　　　　〒 101-0065　東京都千代田区西神田 3-3-5
　　　　　　　電話 (03) 3239-0271・72 (直通)
　　　　　　　振替口座　東京　00140-2-46008
　　　　　　　　　　　　欧友社／図書印刷
　　　　　　　　　http://www.asahipress.com